배태자의 매일 매일 색다른 우리집 밥상!

엄마 반찬 레시피

배태자 지음

# 쉬운 요리, 맛있는 요리, 행복한 요리…

　세월이 많이 흘러도 우리 고유의 입맛은 변하지 않았으리라 생각합니다.
　우리네 전통 발효식품인 고추장, 된장을 사용하여 조물조물 반찬을 만드는 내내 내 마음은 설레고 뿌듯했답니다.
　나는 일주일에 한 번 정도 재래시장에 갑니다. 싱싱한 채소와 생선들을 보면서 새로운 요리를 구상하고 메모하는 시간이 즐겁고 행복합니다. 그러다 보면 몇 가지 창작 요리가 뚝딱 나오게 됩니다. 집에 오면 바로 요리를 시작해 봅니다. 과연 어떠한 맛일지 궁금해서 참을 수가 없기 때문입니다. 새로운 요리는 항상 나를 들뜨게 하고 가슴 벅차게 합니다.
　세상에서 가장 큰 즐거움은 '식(食)'이라고 생각합니다. 먹는 즐거움을 느낄 수 있는 손맛과 요리를 사랑할 수 있도록 낳아주신 아버지, 어머니께 항상 감사하면서 어릴 때 어머니께서 정성스럽게 만드신 정성어린 반찬 속의 어머니 마음을 고스란히 이 책에 담아보았습니다.
　요리를 사랑하는 모든 사람의 고민을 쉽게 해결할 수 있는 이 책의 큰 장점은 요리가 어렵다고 생각하는 분들이 레시피대로만 하면 누구나 쉽게 따라할 수 있다는 것입니다.
　쉽다고 생각했지만 막상 하려고 하면 어려운 반찬의 기본인 달걀말이에서부터 까다로운 나물 무침까지 꼼꼼하게 차근차근 알려 드리려 합니다.
　요리를 두렵고 귀찮게만 여겼던 모든 분들께 누구나 쉽게 접할 수 있는 쉬운 요리, 즉 평범한 요리라 할 수 있습니다.
　서점에서 요리책을 보다 보면 저 또한 구하기 힘들겠다는 향신료나 값비싼 재료들을 사용한 책을 보면서 구하기 편리하고 싸지만 영양가 높은 재료로 쉽게 행복한 요리를 만들어야겠다는 생각으로 책을 완성하게 되었습니다.
　끝으로, 출판사 가족들과 사진 촬영에 애써주신 성실장님, 강북성심요양병원 식구들, 언제나 옆에서 묵묵히 도와준 춘화 언니, 사랑하는 남편, 군에 입대한 든든한 장남, 학업에 충실한 둘째 아들이 있어 제게는 희망이고 행복입니다.

배태자(bbiggu1204@hanmail.net) 드림

CONTENTS

Part 1
채소로 만든 건강해지는 반찬

두부 브로콜리 조림 • 15

고추 잡채 • 17

알감자 고추장 조림 • 19

모둠 달걀말이 • 21

우엉 고추장 구이 • 23

더덕 고추장 무침 • 25

구절판 • 27

콩나물 어묵 볶음 • 29

마 고추장 구이 • 31

참나물 된장 무침 • 33

오이 된장 무침 • 35

참죽순 장떡 • 37

느타리버섯 꽈리고추 볶음 • 39

오이피클 영양부추 무침 • 41

서리태 콩자반 • 43

양송이 메추리알 찜 • 45

호박 새우젓 볶음 • 47

Part 2
고기로 만든 힘이 되는 반찬

소고기 고추장 불고기 • 51

소고기 연근 장조림 • 53

청포묵 소고기 불고기 • 55

닭다리 달걀 조림 • 57

소고기 단호박찜 • 59

닭갈비 꼬치구이 • 61

돼지고기 된장 불고기 • 63

돈민찌 김치전 • 65

돈육 떡갈비 • 67

소고기채 버섯볶음 • 69

소고기 불고기 양배추말이 & 약고추장 • 71

Part 3
해산물로 만든 신선한 반찬

삼치 양파 조림 • 75

오징어 새우 콩나물찜 • 77

간장 게장 • 79

조개젓 무침(오징어젓 무침) • 81

낙지 삼겹살 볶음 • 83

꽃게 양념무침 • 85

메추리알 오징어 장조림 • 87

오징어 쪽파 초회 • 89

갈치 고사리 조림 • 91

꽁치 김치롤 조림 • 93

매운 주꾸미 볶음 • 95

코다리 매운 조림 • 97

장어 구이 • 99

[기본 계량법]

계량스푼 : 1큰술 15cc, 1작은술 5cc

계량컵 : 1컵 200cc

계량저울 : 눈금은 항상 0에 맞추어야 함

Part 4
아삭아삭 소리까지 맛있는 반찬 김치

알타리무 김치 • 103
나박김치 • 105
배추김치 • 107
양배추 김치 • 109
오이 소박이 • 111
깍두기 • 113
파김치 • 115
열무김치 • 117
우엉김치 • 119

Part 5
두고두고 먹어도 깊은 맛 나는 반찬

고추·깻잎 간장 장아찌 • 123
황태포 장아찌 • 125
매실 고추장 장아찌 • 127
즉석 오이피클 • 129
양파 장아찌 • 131
고추지 무침 • 133
더덕 장아찌 • 135
잔멸치 고추장 조림 • 137
쥐포 무침(멸치 무침) • 139
뱅어포 고추장 볶음 • 141

요리의 기본 양념 공식 1

01 초고추장

초고추장은 심심한 전이나 파강회, 오징어숙회, 미나리강회, 홍합, 두릅, 생선회 등을 찍어 먹을 때 많이 이용되며 달달하고 새콤한 맛이 입맛을 당기게 한다.

고추장 5큰술, 설탕 1큰술 + 식초 2큰술, 사이다 1큰술 + 다진 마늘 1큰술, 통깨 1작은술

간장 양념 02

간장 양념은 콩나물밥이나 각종 채소밥, 묵, 부침개, 깻잎찜, 꽈리고추찜 등에 이용되며 좀 더 매콤하게 먹으려면 청양고추를 송송 썰어 넣어 만든다.

간장 5큰술, 국간장 2큰술 + 다진 마늘 1큰술, 고춧가루 1큰술, 송송 썬 실파 1큰술 + 참기름 1작은술, 통깨 1큰술

약고추장

약고추장은 볶음 고추장이라고도 하며 우민찌(다진 소고기)를 볶다가 고추장을 넣어 볶아 만든 것으로, 쌈이나 비빔밥에 많이 이용되며 넉넉히 만들어 냉장고에 두면 일주일은 보관 가능하다.

다진 소고기 100g, 고추장 1컵   물 5큰술, 물엿 2큰술   배즙 5큰술, 잣 2큰술

된장 고추장 양념

된장에 고추장을 섞어 각종 데친 나물 고춧잎, 시금치, 참나물, 유채나물, 비름나물, 열무나물 등에 이용되며 나물의 향기와 된장, 고추장의 깊은 맛이 어우러져 있어 식욕을 돌게 한다.

된장 4큰술, 고추장 1큰술   다진 마늘 1큰술, 매실청(또는 물엿) 1큰술   참기름 1작은술, 통깨 1큰술

요리의 기본 양념 공식 2

불고기 양념

소고기나 돼지고기를 불고기 양념에 재워서 요리를 하면 고기가 부드럽고 깊은 맛을 내게 한다. 고기를 재우기 전에 매실청에 담갔다가 양념을 하게 되면 잡냄새도 제거되고 고기를 연하게 하는 연육작용도 하게 된다.

간장 5큰술, 설탕 1큰술 + 생강즙 1작은술, 청주 1큰술, 다진 마늘 2큰술 + 참기름 1작은술, 후추 약간

맛간장

간장에 여러 가지 채소를 넣어 끓여 식혀서 냉장고에 보관하면 반찬할 때마다 양념을 만들어야 하는 번거러움을 줄일 수 있다. 연근조림, 메추리알조림, 우엉조림, 어묵볶음 등 간장을 이용하는 요리에 요긴하게 사용할 수 있다.

간장 2큰술, 물 2컵, 양파 1개 + 대파 1뿌리, 사과 1/2개, 다시마 1장 + 청주 2큰술, 통후추 1큰술

고추장 양념 07

닭볶음탕이나 생선조림, 오징어두루치기, 돼지고기고추장불고기, 낙지볶음 등에 매콤한 맛을 내게 하는 양념으로 깊은 맛이 있다.

고추장 5큰술, 고춧가루 2큰술   매실청(또는 물엿) 2큰술, 다진 마늘 2큰술   청주 1큰술, 후추 약간

08 고춧가루 양념

간단한 겉절이 양념으로 산뜻하고 깔끔한 맛을 내는 양념이다. 영양부추, 파, 상추, 양파, 쪽파, 봄동 등 겉절이에 이용된다.

고춧가루 1큰술, 소금 1작은술   다진 마늘 1큰술, 식초 1큰술, 설탕 1작은술   참기름 1작은술, 깨소금 1작은술

Part 1

- 두부 브로콜리 조림
- 고추 잡채
- 알감자 고추장 조림
- 모둠 달걀말이
- 우엉 고추장 구이
- 더덕 고추장 무침
- 구절판
- 콩나물 어묵 볶음
- 마 고추장 구이
- 참나물 된장 무침
- 오이 된장 무침
- 참죽순 장떡
- 느타리버섯 꽈리고추 볶음
- 오이피클 영양부추 무침
- 서리태 콩자반
- 양송이 메추리알 찜
- 호박 새우젓 볶음

채소로 만든 건강해지는 반찬

:: Vegetable

두부 브로콜리 조림

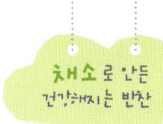

🍐 이렇게 만드세요!

1 **두부 준비하기** 두부는 사방 2cm 길이로 잘라 종이타월 위에 올려 물기를 제거하고 소금을 약간 뿌려 밑간한다.

2 **브로콜리 데치기** 브로콜리는 깨끗이 씻어 가닥가닥 떼어 끓는 물에 약간의 소금을 넣고 살짝 데친다.

3 **양송이버섯 준비하기** 양송이버섯은 씻어서 준비한다.

4 **표고버섯 썰기** 마른 표고버섯은 따뜻한 물에 불려 기둥을 제거하고 2등분으로 자른다.

5 **파프리카 썰기** 파프리카는 사방 2cm 크기로 자른다.

6 **조림장 만들기** 분량의 재료를 섞어 조림장(물전분 제외)을 만든다.

7 **두부 굽기** 밑간한 두부는 녹말가루에 굴려 프라이팬이 뜨거워지면 식용유를 두르고 노릇하게 굽는다(또는 식용유에 튀긴다).

8 **두부 브로콜리 조림 완성하기** 냄비에 물전분을 제외한 조림장을 넣고 끓으면 준비된 두부, 브로콜리, 양송이버섯, 표고버섯, 파프리카를 넣고 조리다가 마지막에 물전분으로 농도를 맞춘다.

재료

- 두부 1모
- 브로콜리 50g
- 양송이버섯 50g
- 마른 표고버섯 4장
- 붉은 파프리카 1/2개
- 소금 약간
- 녹말가루 적당량
- 식용유 적당량

소스 & 양념

조림장					
	+		+		+		+	
다시마물 5큰술		간장 3큰술		청주 2큰술		물엿 1큰술		물전분 1큰술

고추 잡채

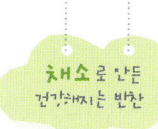

🌶️ **이렇게 만드세요!**

1. **당면 삶기** 당면은 끓는 물에 면이 투명해질 때까지 삶아 건져 놓는다.
2. **새송이버섯 썰기** 새송이버섯은 5cm 길이로 가늘게 채를 썬다.
3. **양파, 죽순 썰기** 양파는 길이대로 채를 썰고, 죽순은 모양대로 썰어 끓는 물에 살짝 데친다.
4. **고추 썰기** 고추는 반으로 갈라 씨를 제거하고 5cm 길이로 가늘게 채를 썬다.
5. **소고기 양념 만들기** 분량의 재료를 섞어 소고기 양념을 만든다.
6. **소고기 밑간하기** 소고기는 6cm 길이로 가늘게 채 썰어 소고기 양념으로 밑간을 한다.
7. **잡채 소스 만들기** 분량의 재료를 섞어 잡채 소스를 만든다.
8. **잡채 볶기** 프라이팬이 뜨거워지면 올리브유를 두르고 다진 마늘, 다진 파로 향을 내고 소고기를 볶다가 당면과 잡채 소스를 넣고 새송이버섯, 양파, 죽순, 붉은 고추, 푸른 고추를 넣어 빠르게 볶아 낸다.

재료

당면	100g
새송이버섯	100g
양파	1개
죽순	100g
붉은 고추	5개
푸른 고추	5개
소고기(홍두깨살)	200g
올리브유	약간
다진 마늘	약간
다진 파	약간

고추는 윤기가 나고 껍질이 두껍고 씨가 적은 것이 좋다. 요리에 사용할 때는 썰어서 물에 씻어 씨를 털어 내고 사용해야 음식이 깔끔하다.

소스 & 양념

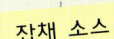 **잡채 소스**

 +  +

간장 3큰술, 굴소스 1큰술   청주 1큰술, 참기름 1작은술   후추 약간

소고기 양념

 +  +

간장 1큰술, 청주 1작은술   다진 마늘 1작은술, 설탕 1작은술   참기름 1/2작은술, 깨소금 1/2작은술

알감자 고추장 조림

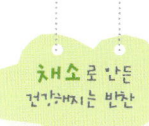

🌶 **이렇게 만드세요!**

1. **알감자 씻기** 알감자는 껍질째 깨끗이 씻어 물을 붓고 적당히 삶는다.
2. **메추리알 삶기** 메추리알은 삶아서 껍질을 제거한다.
3. **고추 썰기** 고추는 깨끗이 씻어 반으로 잘라 씨를 제거하고 잘게 다진다.
4. **조림장 만들기** 분량의 재료를 잘 섞어 조림장을 만든다.
5. **알감자 조리기** 알감자가 적당히 익고 물이 1컵 정도 남으면 조림장과 메추리알을 넣고 서서히 조리다가 국물을 자주 끼얹어 간이 골고루 배도록 한다.
6. **알감자 조림 완성하기** 알감자 고추장 조림이 완성되면 다진 고추와 통깨를 뿌려 완성한다.

재료

- 알감자 500g
- 메추리알 20알
- 붉은 고추 2개
- 푸른 고추 2개
- 통깨 약간

알감자는 동글동글하고 매끈하여 싹이 나지 않은 것이 좋으며 20~30g 정도의 크기가 적당하다. 대표적인 알감자요리로는 알감자 버터구이와 알감자 연근조림 등이 있으며 껍질째 튀기면 어린이 간식으로도 좋다.

조림장: 고추장 2큰술 + 간장 2큰술 + 청주 2큰술 + 물엿 2큰술

모둠 달걀말이

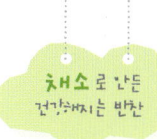

 이렇게 만드세요!

1. **달걀 풀기** 볼에 달걀을 곱게 덩어리지지 않도록 풀어 소금으로 간을 한다.
2. **시금치 데치기** 시금치는 끓는 물에 약간의 소금을 넣고 데쳐서 찬물에 헹궈 물기를 제거한다.
3. **파프리카 썰기** 파프리카는 깨끗이 씻어 가늘게 채를 썬다.
4. **당근 썰기** 당근은 깨끗이 씻어 곱게 채를 썬다.
5. **양파 다지기** 양파는 손질하여 곱게 다진다.
6. **달걀말이 완성하기** 프라이팬이 뜨거워지면 약간의 식용유를 두르고 풀어둔 1의 달걀을 부어 약간 익으면 시금치, 파프리카, 당근, 양파를 넣고 돌돌 말아 달걀말이를 완성한다. 달걀말이가 어느 정도 식으면 모양 내어 썰어 접시에 담아 낸다.

재료

- 달걀 10개
- 시금치 50g
- 붉은 파프리카 1/2개
- 당근 1/4개
- 양파 1/2개
- 소금 약간
- 식용유 약간

달걀 뚝배기 — Cooking Plus

- **재료** : 달걀 3개, 표고버섯 1개, 청양고추 1개, 파 1뿌리, 고춧가루 1작은술, 다시마국물 1과 1/2컵(다시마를 물에 10시간 정도 담가 두었다가 사용하거나, 냄비에 물과 다시마(10×10cm 1장)를 넣고 끓으면 10분 정도 더 끓여 사용한다.)
- **양념** : 새우젓 1큰술, 소금 1/2작은술

[만드는 방법]

1. 달걀은 잘 풀어서 준비한다.
2. 표고버섯은 곱게 다진다.
3. 청양고추와 파는 송송 썬다.
4. 뚝배기에 다시마국물을 넣고 끓으면 풀어놓은 달걀을 넣고 약한 불에 은근히 끓인다.
5. 달걀이 어느 정도 익으면 표고버섯, 청양고추, 파, 고춧가루를 넣고 새우젓과 소금으로 간을 한다.

우엉 고추장 구이

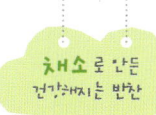

🫑 **이렇게 만드세요!**

1. **우엉 손질하기** 우엉은 칼등으로 긁어 껍질을 제거하고 5× 1cm 크기로 납작하게 썰어 식촛물에 10분 정도 담가 둔다.
2. **유장에 버무리기** 참기름에 간장을 섞어 만든 유장에 우엉을 넣어 살살 버무린다.
3. **고추장 양념 만들기** 고추장에 고춧가루, 간장, 다진 마늘, 참기름, 깨소금을 넣어 양념을 만든다.
4. **프라이팬에 굽기** 프라이팬에 은박포일을 깔고 유장 처리한 2를 굽다가 노릇노릇 구워지면 고추장 양념을 앞뒤로 발라가며 굽는다.

재료
우엉 1뿌리(식촛물 2컵)
은박포일 적당량

우엉과 같이 섬유질이 풍부한 뿌리 채소는 변비 예방에 도움을 주고, 아삭하게 씹히는 맛과 향이 독특하다. 옛조상들은 우엉이 곧게 자랄 수 있도록 단단한 흙에 구멍을 뚫어 씨를 뿌렸다고 한다.

고추장 양념: 고추장 3큰술, 고춧가루 2큰술 + 간장 1큰술, 다진 마늘 1큰술 + 참기름 1작은술, 깨소금 1작은술

유장: 참기름 3큰술 + 간장 1작은술

더덕 고추장 무침

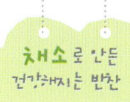

 이렇게 만드세요!

1. **더덕 손질하기** 더덕은 깨끗이 씻어 돌려가며 껍질을 벗겨 납작하게 썰어 방망이로 밀어 가늘게 찢는다.

2. **더덕 소금에 절이기** 찢어둔 더덕에 소금을 뿌려 더덕의 떫은 맛을 제거한다.

3. **미나리 씻기** 미나리는 깨끗이 씻어 5cm 길이로 자른다.

4. **무침 양념 만들기** 고추장에 고춧가루, 간장, 식초, 매실청, 물엿, 다진 마늘, 깨소금을 분량대로 넣어 무침 양념을 만든다.

5. **더덕 무침 완성하기** 큰 볼에 준비된 더덕과 미나리를 넣고 무침 양념을 넣어 조물조물 무쳐 그릇에 담아 낸다.

재료

더덕 200g
미나리 50g
소금 약간

더덕은 사포닌과 이눌린 성분을 다량 함유하고 있어 사삼 또는 백삼이라고도 부른다. 더덕의 대표적인 요리로는 더덕김치, 더덕물김치, 더덕소박이, 더덕강정, 더덕산적 등이 있다.

소스 & 양념

| 무침 양념 |  |  |  |

고추장 3큰술, 고춧가루 1큰술   +   간장 1작은술, 식초 2큰술, 매실청 1큰술   +   물엿 1큰술, 다진 마늘 1큰술, 깨소금 1작은술

구절판

 이렇게 만드세요!

1. **숙주 손질하기** 숙주는 머리와 꼬리를 떼고 깨끗이 씻어 끓는 물에 30초 정도 데쳐 식으면 소금과 참기름으로 밑간한다.

2. **당근, 오이 손질하기** 당근은 5cm 길이로 가늘게 채 썰어 프라이팬이 뜨거워지면 식용유를 두르고 살짝 볶아 준다. 오이는 5cm 길이로 잘라 껍질 부분만 돌려깎아 채 썰어 소금에 절여 준비한다.

3. **표고버섯, 소고기 밑간하기** 표고버섯은 뜨거운 물에 불려 기둥을 떼고 가늘게 채를 썬다. 소고기는 핏물을 제거하고 가늘게 채 썰어 소고기·표고버섯 양념을 반으로 나누어 각각 밑간한다.

4. **달걀지단 부치기** 달걀은 흰자, 노른자로 분리하여 약간의 소금을 넣고 지단을 부쳐 5cm 길이로 가늘게 채 썬다.

5. **적채 썰기** 적채는 곱게 채를 썰어 준비한다.

6. **밀전병 부치기** 밀가루에 물을 부어 잘 저어 주고 체에 내려 프라이팬이 뜨거워지면 약간의 식용유를 두르고 둥글게 밀전병을 부친다.(시금치, 당근, 치자를 사용하여 색깔을 내서 밀전병을 부침)

7. **구절판 완성하기** 접시에 준비된 구절판을 색스럽게 돌려 담아 겨자 소스와 함께 낸다.

재료

숙주 130g
당근 1/2개
오이 1개
마른 표고버섯 5장
소고기(우둔살) 300g
달걀 2개
적채(붉은 양배추) 50g
밀가루 1컵
물 1컵
소금 약간
식용유·참기름 약간씩

[겨자 소스]
다시마물 5큰술
겨자 2큰술
연유 1큰술

소고기·표고버섯 양념

간장 2큰술, 설탕 1작은술

다진 파 1작은술, 다진 마늘 1작은술

참기름 1작은술, 후추 약간

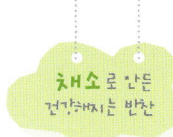

콩나물 어묵 볶음

 이렇게 만드세요!

1 **콩나물 삶기** 콩나물은 깨끗이 씻어 약간의 물을 붓고 뚜껑을 덮어 끓기 시작하면 5분간 삶아 식힌다.
2 **어묵 썰기** 어묵은 5cm 길이로 잘라 가늘게 채를 썬다.
3 **양파, 고추 썰기** 양파와 고추는 깨끗이 씻어 가늘게 채를 썬다.
4 **대파 썰기** 대파는 어슷하게 썬다.
5 **볶음 양념 만들기** 간장에 콩나물 삶은 물, 고춧가루, 다진 마늘, 매실청, 통깨를 분량대로 넣어 볶음 양념을 만든다.
6 **콩나물 어묵 볶음 완성하기** 프라이팬이 뜨거워지면 들기름을 두르고 어묵과 양파, 볶음 양념을 넣어 볶다가 콩나물, 고추, 대파를 넣어 어우러지게 볶아 낸다.

재료

콩나물 100g
네모난 어묵 2장
양파 1/2개
붉은·푸른 고추 1개씩
대파 1대
들기름 1큰술

[볶음 양념]

간장 1큰술
콩나물 삶은 물 3큰술
고춧가루·다진 마늘 1큰술
매실청(또는 물엿) 1작은술
통깨 1작은술

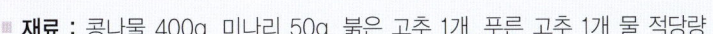

콩나물 미나리 무침

Cooking Plus

- **재료** : 콩나물 400g, 미나리 50g, 붉은 고추 1개, 푸른 고추 1개 물 적당량
- **무침 양념** : 간장 1큰술, 고춧가루 1큰술, 소금 1작은술, 다진 마늘 1작은술, 참기름 1작은술, 통깨 1작은술

[만드는 방법]

1 콩나물은 꼬리를 잘라 내고 깨끗이 씻어 준비한다.
2 미나리는 깨끗이 씻어 3cm 길이로 자른다.
3 고추는 길이대로 가늘게 채를 썬다.
4 냄비에 콩나물과 물을 넣고 뚜껑을 덮어(콩나물 비린내 방지) 끓으면 5분 정도 더 끓인다. 불을 끄기 직전에 미나리를 넣는다.
5 큰 볼에 삶은 콩나물과 미나리, 고추를 넣고 무침 양념을 넣어 무쳐 완성한다.

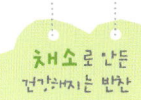

마 고추장 구이

 이렇게 만드세요!

1. **마 썰기** 마는 길이대로 약간 도톰하게 썰어 소금물에 담가 미끈거리는 점액을 어느 정도 제거한다.
2. **부추, 양파, 고추 손질하기** 영양부추는 깨끗이 씻어 물기를 제거하고 4cm 길이로 자른다. 양파는 둥글게 썰고, 붉은 고추는 가늘게 채 썰어 찬물에 담가 매운맛을 제거한다.
3. **고추장 양념 만들기** 고추장에 고춧가루, 간장, 매실청, 다진 마늘, 참기름, 깨소금을 분량대로 넣어 양념을 만든다.
5. **부추겉절이 양념 만들기** 고춧가루에 다진 마늘, 소금, 설탕, 식초, 참기름, 깨소금을 분량대로 넣어 양념을 만든다.
6. **마 굽기** 소금물에 담가두었던 마는 물기를 제거하고 고추장 양념을 발라 석쇠나 프라이팬에 은박포일을 깔고 굽는다.
7. **부추 겉절이하기** 준비된 영양부추에 양파와 붉은 고추를 골고루 섞어 부추겉절이 양념으로 버무린다.
8. **마 고추장 구이 완성하기** 접시에 구운 마와 부추겉절이를 모양 있게 담아 낸다.

재료
- 마 1개
- 영양부추 1/2단
- 양파 1/2개
- 붉은 고추 1개
- 은박포일 적당량

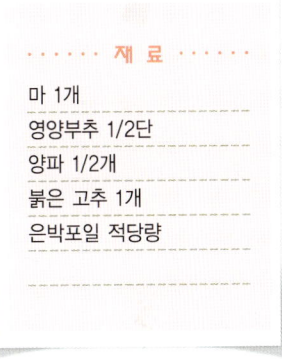

마는 각종 비타민이 풍부하여 체력을 회복하고 각종 질병에 대한 면역력을 강화시켜 주며, 인슐린 분비를 원활하게 해주는 효능이 있어 당뇨병 예방에 도움을 준다.

소스 & 양념

고추장 양념: 고추장 3큰술, 고춧가루 2큰술 + 간장 1/2큰술, 매실청 1큰술, 다진 마늘 1큰술 + 참기름 1작은술, 깨소금 1작은술

부추겉절이 양념: 고춧가루 1작은술, 다진 마늘 1작은술 + 소금 1/2작은술, 설탕 1/2작은술, 식초 1작은술 + 참기름 1작은술, 깨소금 1작은술

참나물 된장 무침

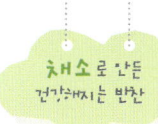

 이렇게 만드세요!

1. **나물 다듬기** 참나물은 억센 줄기를 제거하고 연한 줄기와 잎만 다듬어 놓는다.
2. **나물 데치기** 물이 끓으면 약간의 소금을 넣고 데쳐서 찬물에 헹궈 물기를 제거한다.
3. **된장 양념 만들기** 된장에 고추장, 매실청, 다진 마늘, 참기름, 깨소금을 분량대로 넣고 잘 섞어 된장 양념을 만든다.
4. **나물 무치기** 볼에 데쳐 둔 나물과 된장 양념을 넣어 조물조물 무쳐 참나물 된장 무침을 완성한다.

재 료

참나물 200g
붉은 고추 1개
소금 약간

* **된장 무침이 가능한 나물 :** 오가피 나물, 시금치, 고춧잎, 비듬나물 등

 특유의 향을 지닌 **참나물**은 베타카로틴이 풍부하고 잎이 부드러워 소화가 잘 되며 섬유질이 많아 변비 예방에 좋다. 참나물은 끓는 물에 약간의 소금을 넣고 빠르게 데쳐 사용한다.

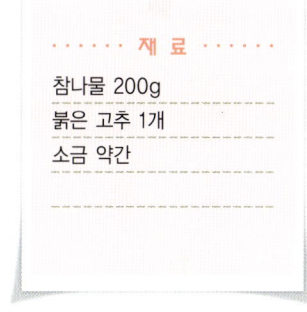

소스 & 양념

| 된장 양념 |  |   |  |

된장 2큰술, 고추장 1큰술   매실청(또는 물엿) 1큰술, 다진 마늘 1작은술   참기름 1작은술, 깨소금 1작은술

오이 된장 무침

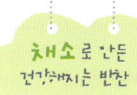

 이렇게 만드세요!

1. **오이 손질하기** 오이는 둥글게 썰어 굵은 소금(천일염)으로 절여 찬물에 한 번 씻어 물기를 꼭 짜 놓는다.

2. **다진 소고기 밑간하기** 다진 소고기는 종이타월 위에 올려 핏물을 제거하고 분량의 양념들을 잘 섞어 소고기에 밑간을 해 둔다.

3. **된장 양념 만들기** 된장에 고추장, 매실청, 다진 마늘, 다진 붉은 고추, 통깨를 분량대로 넣어 된장 양념을 만든다.

4. **소고기, 오이 볶기** 프라이팬이 뜨거워지면 식용유를 두르고 준비된 소고기를 볶다가 소고기가 어느 정도 익으면 오이를 넣어 센 불에서 빠르게 볶아 낸다.

5. **오이 된장 무침 완성하기** 볼에 볶아둔 4의 소고기와 오이를 담고 된장 양념을 넣어 조물조물 무쳐 접시에 담아 낸다.

재료

다다기 오이 2개
(굵은 소금 5큰술)
다진 소고기 100g
식용유 1작은술

[소고기 밑간]
소금 1/2작은술
설탕 1/2작은술
다진 마늘 1작은술
생강즙 1/2작은술
참기름 약간

알칼리성 식품인 오이는 산성화된 우리 몸을 중화시켜 주고 수분과 칼륨이 많아 체내 노폐물을 배출시켜 준다. 또한 칼로리가 거의 없어 다이어트에도 좋으며 피부미용에도 좋다. 오이는 가시가 돋아 있으며 탄력이 있고 굵기가 고른 것을 고르는 것이 좋다.

된장 양념

 +  +

된장 1큰술, 고추장 1작은술　매실청(또는 물엿) 1작은술, 다진 마늘 1작은술　다진 붉은 고추 1큰술, 통깨 1작은술

참죽순 장떡

 이렇게 만드세요!

1. **참죽순 손질하기** 참죽순은 어린 순으로 준비하여 깨끗이 씻어 준비한다.
2. **장떡 양념 준비하기** 고추장에 된장을 잘 섞어 둔다.
3. **밀가루 반죽하기** 밀가루에 물을 부어 반죽을 한 뒤 장떡 양념을 넣어 잘 섞어 주고 참죽순을 넣어 반죽을 한다.
4. **장떡 부치기** 프라이팬이 뜨거워지면 식용유를 두르고 한 수저씩 떠 놓아 먹음직스럽게 굽는다.
5. **접시에 담아 내기** 완성된 참죽순 장떡을 접시에 소담스럽게 담아 낸다.

재료

참죽순 100g
밀가루 2컵
물 적당량
식용유 적당량

[장떡 양념]
고추장 1큰술
된장 2큰술

Tip 장떡은 된장과 고추장이 들어갔다고 하여 붙여진 이름이며, 주로 경상도에서 즐겨 먹던 음식으로 방앗잎이나 깻잎, 산초 등을 넣어 만들어 먹었다. 된장과 고추장이 어우러져 반찬으로 좋다.

홍합 장떡

Cooking Plus

■ **재료** : 홍합살 200g, 부추 50g, 밀가루 1과 1/2컵, 된장 2큰술, 고추장 1큰술, 물·식용유 적당량

[만드는 방법]
1. 홍합살은 연한 소금물에 살살 씻어 둔다.
2. 부추는 손질하여 깨끗이 씻어 3cm 길이로 썬다.
3. 밀가루에 물과 된장, 고추장을 넣어 반죽을 한 뒤 준비된 홍합살과 부추를 잘 섞어 노릇노릇하게 지져 홍합 장떡을 완성한다.

느타리버섯 꽈리고추 볶음

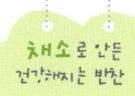

🫑 **이렇게 만드세요!**

1 **느타리버섯 데치기** 냄비에 물이 끓으면 느타리버섯을 넣고 데쳐서 찬물에 헹군 뒤 가늘게 찢어 물기를 제거한다.

2 **꽈리고추 손질하기** 꽈리고추는 꼭지를 따고 씻어서 이쑤시개로 구멍을 몇 군데 뚫어 준다.

3 **고추 썰기** 붉은 고추는 반으로 갈라 씨를 제거하고 4cm 길이로 채를 썬다.

4 **대파 썰기** 대파는 껍질을 벗겨 씻어서 4cm 길이로 잘라 가늘게 채를 썬다.

5 **볶음 양념 만들기** 간장에 다진 마늘, 매실청, 통깨를 분량대로 넣어 볶음 양념을 만든다.

6 **볶음 완성하기** 프라이팬에 들기름을 두르고 데쳐 둔 느타리버섯과 볶음 양념을 넣고 볶다가 느타리버섯에 간이 배면 꽈리고추와 붉은 고추, 대파를 넣어 빠르게 볶아 느타리버섯 꽈리고추 볶음을 완성한다.

재료

느타리버섯 100g
꽈리고추 50g
붉은 고추 1개
(또는 실고추 약간)
대파 1대
들기름 1큰술

느타리버섯은 갓의 표면에 약간의 회색빛이 돌고 갓 뒷면의 빗살무늬가 뭉그러지지 않으며 선명한 흰색이 신선하다. 느타리버섯은 칼로리가 매우 낮고 섬유소와 수분이 많아 비만 방지에도 좋다.

볶음양념

 +  +  +

간장 1큰술   다진 마늘 1큰술   매실청(또는 물엿) 1작은술   통깨 1작은술

오이피클 영양부추 무침

🟡 **이렇게 만드세요!**

1. **오이피클 준비하기** 오이피클은 둥글게 썰어서 물기를 제거한 뒤 준비한다.
2. **부추 썰기** 부추는 깨끗이 씻어 1cm 길이로 썬다.
3. **붉은 고추 썰기** 붉은 고추는 둥글게 썬다.
4. **무침 양념 만들기** 고춧가루에 설탕, 식초, 참기름, 통깨를 분량대로 넣어 무침 양념을 만든다.
5. **오이피클 영양부추 무침 완성하기** 물기를 제거한 오이피클에 영양부추, 고추, 준비된 4의 무침 양념을 넣고 조물조물 무쳐서 접시에 담아 낸다.

재료

오이피클 300g
영양부추 50g
붉은 고추 1개

영양부추는 겉절이나 부침개로 많이 이용되며 알싸한 맛과 향이 있어 입맛을 돋우어 준다. 또한 스태미나 강화식품으로 '향기만 맡아도 힘이 나는 채소'라고 해서 '양기초'라 하기도 한다. 영양부추는 비타민 B₁(티아민)의 흡수를 도와주고 소화를 잘 되게 하는 알리신이 들어 있어 고기요리와 함께 먹으면 좋다.

소스 & 양념

무침 양념

 +  +  +  +

고춧가루 1큰술 · 설탕 1작은술 · 식초 1작은술 · 참기름 1작은술 · 통깨 1작은술

서리태 콩자반

이렇게 만드세요!

1. **서리태 준비하기** 서리태(검은 콩)는 잡티를 골라 낸 후 깨끗한 것으로 준비한다.
2. **조림장 만들기** 간장에 매실청, 물엿을 분량대로 섞어 조림장을 만든다.
3. **콩자반 만들기** 냄비에 서리태와 물을 붓고 끓이다가 콩이 어느 정도 익으면 2의 조림장을 넣고 윤기나도록 은근하게 조리다가 완성되면 불을 끄고 통깨를 뿌려 마무리한다.

재료
서리태 200g
물 5컵
통깨 약간

[조림장]
간장 5큰술
매실청 2큰술
물엿 5큰술

서리태는 비타민 B₁, B₂(리보플라빈) 등과 칼슘, 단백질, 당질 등 영양 물질이 골고루 함유되어 있으므로, 혈액순환을 돕고 콜레스테롤 대사 작용으로 혈액을 맑게 하여 고혈압, 당뇨병, 동맥경화 예방에 도움이 된다.

영양 콩비지 찌개 *Cooking Plus*

■ **재료** : 검은콩 200g, 다시마국물 2컵, 돈민찌(다진 돼지고기) 100g, 다진 김치 100g, 다진 마늘 1큰술, 다진 파 1큰술, 고춧가루 1큰술, 소금 적당량

[만드는 방법]
1. 검은콩은 깨끗이 씻어 하룻밤 불려 믹서에 다시마국물을 붓고 곱게 간다.
2. 믹서에 간 콩에 돈민찌, 다진 김치, 다진 마늘, 고춧가루를 넣고 보글보글 끓이다가 소금으로 간을 하여 콩비지 찌개를 완성한다.
3. 그릇에 콩비지 찌개를 담고 다진 파를 올려 낸다.

양송이 메추리알 찜

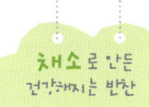

 이렇게 만드세요!

1. **양송이 손질하기** 양송이버섯은 기둥을 따고 깨끗이 씻어 준비한다.
2. **메추리알 준비하기** 메추리알은 싱싱한 것으로 준비한다.
3. **고추 썰기** 붉은 고추와 푸른 고추는 3cm 길이로 잘라 가늘게 채를 썰어 찬물에 담가 둔다.
4. **양념 간장 만들기** 간장에 다시마국물, 식초, 설탕, 고춧가루, 실파, 통깨를 분량대로 넣고 양념 간장을 만든다.
5. **양송이 메추리알 찜 완성하기** 찜통에 김이 오르면 양송이버섯에 메추리알 노른자를 넣고 8분 정도 찌다가 채 썬 고추를 올리고 불을 끈다.
6. **접시에 담아 내기** 접시에 양송이 메추리알 찜을 담고 양념 간장을 곁들여 낸다.

재료

- 양송이버섯 20개
- 메추리알 20개
- 붉은 고추 1개
- 푸른 고추 1개

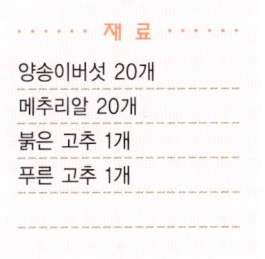

양송이버섯은 비타민 B2(리보플라빈) 성분이 풍부하여 피부미용에 좋으며, 베타글루칸 성분은 면역 기능을 활성화시켜 암세포 증식과 재발을 막아준다. 또한 비타민 D, 타이로시나제, 엽산 등이 풍부하여 고혈압, 빈혈 예방에 좋다.

양념 간장

간장 3큰술, 다시마물 3큰술

식초 2큰술, 설탕 1큰술, 고춧가루 2큰술

송송 썬 실파 1큰술, 통깨 1큰술

호박 새우젓 볶음

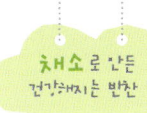

🫑 **이렇게 만드세요!**

1. **호박 썰기** 호박은 길이대로 길게 반으로 자른 뒤 반달 모양으로 잘라 소금을 뿌려 살짝 절인다. 절여진 호박은 물에 한번 씻어 물기를 제거한다.
2. **양파 썰기** 양파는 손질하여 채를 썬다.
3. **느타리 버섯 데치기** 끓는 물에 느타리버섯을 넣고 살짝 데친 다음 찬물에 식혀 적당하게 찢어 둔다.
4. **고추 썰기** 고추는 송송 썬다.
5. **볶음 양념 만들기** 새우젓에 다진 마늘을 섞어 볶음 양념을 만든다. 이 때 새우젓이 크다 싶으면 칼로 곱게 다진다.
6. **호박 새우젓 볶음 완성하기** 프라이팬이 뜨거워지면 식용유를 두르고 절여 두었던 호박과 볶음 양념을 넣어 볶다가 양파와 느타리버섯, 고추를 넣어 살짝 더 볶아준다. 다 되면 통깨를 뿌려 호박 새우젓 볶음을 완성한다.

재 료

애호박 2개
양파 1개
느타리버섯 50g
붉은 고추 2개
소금 적당량
식용유 적당량
통깨 1작은술

[볶음 양념]
새우젓 2큰술
다진 마늘 1큰술

호박 새우젓국

Cooking Plus

■ **재료** : 애호박 1개, 양파 1/2개, 청양고추 1개, 들기름 1작은술, 다진 마늘 1작은술, 새우젓 1큰술, 소금 약간, 물 적당량

[만드는 방법]

1. 애호박은 반달 모양으로 자르고, 양파는 채를 썬다.
2. 청양고추는 송송 썬다.
3. 냄비가 뜨거워지면 들기름을 두르고 호박과 양파를 넣어 볶다가 물을 부어 끓인다. 끓으면 다진 마늘과 새우젓을 넣고 나머지 간은 소금으로 한다. 불을 끈 뒤 청양고추를 넣는다.

Part2

- 소고기 고추장 불고기
- 소고기 연근 장조림
- 청포묵 소고기 불고기
- 닭다리 달걀 조림
- 소고기 단호박찜
- 닭갈비 꼬치구이
- 돼지고기 된장 불고기
- 돈민찌 김치전
- 돈육 떡갈비
- 소고기채 버섯볶음
- 소고기 불고기 양배추말이 & 약고추장

고기로 만든 힘이 되는 반찬

∴ Beef

50

소고기 고추장 불고기

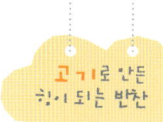

🍎 **이렇게 만드세요!**

1. **차돌박이 준비하기** 차돌박이는 얇게 썰어서 준비한다.
2. **영양부추 썰기** 영양부추는 깨끗이 씻어서 물기를 제거하고 4cm 길이로 썬다.
3. **양파, 고추 썰기** 양파는 둥글게 썰어 찬물에 담갔다가 꺼내 놓고, 고추는 3cm 길이로 가늘게 채를 썬다.
4. **불고기 양념 만들기** 분량의 재료를 섞어 불고기 양념을 만든다.
5. **불고기 양념에 재우기** 차돌박이는 4의 양념으로 밑간한다.
6. **채소 무치기** 분량의 채소무침 양념을 만들어 영양부추, 양파, 붉은 고추에 넣고 살살 버무려 놓는다.
7. **불고기 익히기** 프라이팬이 뜨거워지면 빠르게 5의 고기를 익힌다.
8. **소고기 고추장 불고기 완성하기** 접시에 고추장 불고기를 놓고 그 위에 채소무침을 담아 낸다.

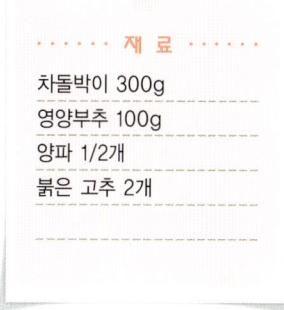

재료
차돌박이 300g
영양부추 100g
양파 1/2개
붉은 고추 2개

불고기 양념
고추장 2큰술, 고춧가루 1큰술, 간장 1큰술 + 설탕 1작은술, 청주 1큰술, 다진 마늘 1큰술 + 참기름 1작은술, 후추 약간

채소무침 양념
고춧가루 1큰술, 설탕 1작은술 + 식초 2큰술, 다진 마늘 1작은술 + 참기름 1작은술, 깨소금 1작은술

소고기 연근 장조림

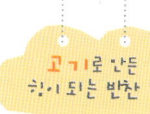

🍎 **이렇게 만드세요!**

1. **소고기 익히기** 소고기는 찬물에 담가 핏물을 제거하고 물이 끓으면 소고기를 넣고 푹 익혀 5cm 길이로 찢어 두고 소고기 삶은 국물은 따로 둔다.

2. **연근 삶기** 연근은 껍질을 제거하고 0.5cm 두께로 썰어 냄비에 넣고 10분 정도 삶는다.

3. **조림장 만들기** 참기름과 통깨를 제외한 간장, 물엿, 매실청, 흑설탕을 분량대로 섞어 조림장을 만든다.

4. **소고기, 연근 조림하기** 냄비에 소고기 삶은 국물을 넣고 찢어둔 소고기, 삶은 연근, 마늘, 다시마, 조림장을 넣어 끓이다가 중불로 낮추어 은근하게 조려 윤기가 나면 참기름과 통깨로 마무리한다.

재 료

소고기(홍두깨살) 400g
연근 400g
마늘 10알
다시마(10×10cm) 1장

 연근은 연꽃의 뿌리로, 식이섬유소가 풍부하며 아삭한 식감 때문에 반찬으로 많이 먹는다. 잘랐을 때 속이 희고 부드러운 것이 좋으며 모양이 길고 굵은 것이 좋다. 연근에는 비타민 C와 철분이 많아 빈혈을 예방하며, 칼륨이 풍부하여 고혈압 환자에게 도움이 된다.

소스 & 양념

| 조림장 |  | + |  | + |  |

간장 5큰술, 물엿 2큰술　　매실청 1큰술, 흑설탕 1큰술　　참기름 1작은술, 통깨 1큰술

청포묵 소고기 불고기

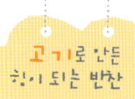

 **이렇게 만드세요!**

1. **청포묵 준비하기** 청포묵은 모양 내어 썰어 끓는 물에 살짝 데쳐 준비한다.
2. **불고기 양념 만들기** 간장에 설탕, 키위즙(또는 양파즙), 매실청, 다진 마늘, 생강즙, 후추, 참기름, 깨소금을 넣어 불고기 양념을 만든다.
3. **소고기 핏물 제거하기** 소고기는 종이타월에 올려 핏물을 제거하여 잡냄새를 없애고 불고기 양념으로 20분 정도 재어 둔다.
4. **고추 썰기** 고추는 5cm 길이로 잘라 가늘게 채를 썬다.
5. **미나리 준비하기** 미나리는 손질하여 5cm 길이로 썰어 끓는 물에 살짝 데친다.
6. **김 썰기** 김은 살짝 구워 가위로 가늘게 자른다.
7. **불고기 완성하기** 프라이팬에 양념된 소고기를 볶다가 채 썬 고추, 미나리를 넣고 볶아서 불고기를 만든다. 데쳐 둔 청포묵은 소금과 참기름에 무쳐 접시에 담고 볶아 둔 소고기 불고기와 김을 올린다.

재료

- 청포묵 1모
- 소고기(불고기용) 300g
- 붉은 고추 1개
- 미나리 50g
- 김 1장
- 소금, 참기름 약간씩

청포묵은 녹두를 맷돌에 곱게 갈아 체에 걸러 가라 앉힌 뒤 웃물을 버리고 남은 앙금을 풀 쑤듯이 끓여 엉기면 용기에 담아 식힌 것이다. 청포묵은 잔칫날이나 비빔밥에 빠지지 않는 우리네 전통 먹을 거리라 할 수 있다. 탕평채, 무침, 국에 많이 이용된다.

불고기 양념

간장 2큰술, 설탕 1작은술, 키위즙 2큰술

매실청 1큰술, 다진 마늘 1큰술

생강즙 1작은술, 후추 약간

참기름·깨소금 약간씩

닭다리 달걀 조림

🍋 이렇게 만드세요!

1. **닭다리 손질하기** 닭다리는 씻어서 칼집을 넣어 끓는 물로 끼얹어 잡냄새와 기름기를 제거한다.
2. **달걀 삶기** 달걀은 냄비에 넣고 잠길 정도의 찬물과 약간의 소금을 넣어 끓으면 12분 동안 더 끓여 완숙으로 익혀 껍질을 제거한다.
3. **표고버섯 준비하기** 마른 표고버섯은 따뜻한 물에 담가 불려 기둥을 떼어 낸다.
4. **양파 썰기** 양파는 껍질을 벗기고 깨끗이 씻어 4등분한다.
5. **고추 썰기** 마른 붉은 고추는 듬성듬성 잘라 준비한다.
6. **조림 양념 만들기** 냄비에 고추장, 고춧가루, 간장, 양파즙, 다진 마늘, 다진 생강, 물엿, 청주를 분량대로 넣고 바글바글 끓여 조림 양념을 만든다.
7. **장조림 완성하기** 6이 끓으면 닭다리, 달걀, 표고버섯, 양파, 고추를 넣고 국물을 끼얹어가며 윤기가 나게 은근히 조려 닭다리 달걀 조림을 완성한다.

재료
- 닭다리 4개
- 달걀 4개
- 마른 표고버섯 4장
- 양파 1개
- 마른 붉은 고추 2개

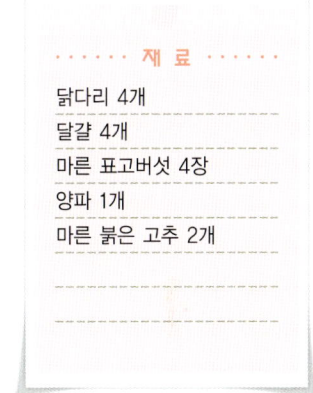

닭은 다리나 목 자른 부분이 노란색이나 갈색을 띠면 신선도가 떨어졌으므로 주의하고, 살빛이 분홍색이고 껍질이 크림색이면 신선한 닭고기라 할 수 있다.

소스 & 양념

조림 양념

고추장 3큰술, 고춧가루 2큰술, 간장 1큰술

양파즙 2큰술, 다진 마늘 2큰술, 다진 생강 1작은술

물엿 2큰술, 청주 2큰술

소고기 단호박찜

 이렇게 만드세요!

1. **소고기 준비하기** 소고기는 사태 부위로 준비하여 사방 5cm 크기로 잘라 찬물에 담가 핏물을 뺀다.
2. **소고기 삶기** 냄비에 물이 끓으면 소고기를 넣고 부드러워질 때까지 삶는다.
3. **단호박 손질하기** 단호박은 속을 파내고 껍질째 사방 3cm 크기로 자른다.
4. **당근 모양 내기** 당근은 깨끗이 씻어 사방 3cm 크기로 잘라 가장자리를 정리한다.
5. **고추 썰기** 고추는 어슷하게 썬다.
6. **은행 준비하기** 은행은 끓는 물에 넣어 망국자로 비벼 껍질을 제거한다.
7. **찜 양념 만들기** 간장에 소고기 삶은 국물, 다진 마늘, 매실청, 참기름을 섞어 찜 양념을 만든다.
8. **찜 완성하기** 냄비에 삶은 소고기와 찜 양념을 함께 넣고 뭉근하게 조리다가 단호박, 당근을 넣은 다음 국물을 끼얹어가며 윤기나게 조린 후 고추와 은행을 넣어 찜을 완성한다.

재료

- 소고기(사태) 400g
- 단호박 1/2통
- 당근 1/2개
- 붉은 고추 1개
- 푸른 고추 1개
- 은행 10알

단호박은 색깔이 고르게 짙고 단단하며 크기에 비해 무거운 것을 고르는 것이 좋다. 직사광선을 피해 서늘한 곳에 보관하고, 오래 보관하려면 반으로 잘라 씨를 제거하고 용기에 담아 냉동실에 보관하는 것이 좋다. 단호박은 호박죽, 호박김치, 단호박찜, 튀김 등 다양하게 이용된다.

찜 양념

간장 5큰술, 소고기 삶은 국물 1컵 　 다진 마늘 2큰술, 매실청(또는 물엿) 2큰술 　 참기름 2큰술

닭갈비 꼬치구이

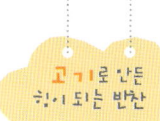

 이렇게 만드세요!

1. **닭다리살 준비하기** 닭다리살은 한입 크기로 잘라 놓는다.
2. **가래떡 자르기** 가래떡은 1cm 길이로 자른다.
3. **대파 준비하기** 대파는 줄기 부분으로 준비하여 3cm 길이로 자른다.
4. **메추리알 준비하기** 삶은 메추리알은 껍질을 까서 준비한다.
5. **고추장 양념 만들기** 고추장에 간장, 고춧가루, 양파즙, 다진 마늘, 청주, 매실청, 들기름을 분량대로 잘 섞어 고추장 양념을 만든다.
6. **밑간하여 꼬치에 끼우기** 준비된 닭다리살과 가래떡, 대파, 메추리알을 큰 볼에 담고 고추장 양념에 20분간 재운 다음 꼬치에 모양 있게 끼운다.
7. **닭갈비 꼬치 완성하기** 프라이팬이나 그릴에 준비된 6을 고루 익혀 완성한다.

 재료

닭다리살 300g
가래떡 1줄
대파 2뿌리
삶은 메추리알 10개
꼬치 10개

 메추리알 잘 까지도록 삶는 방법
냄비에 메추리알을 넣고 잠길 정도의 물을 부어 약간의 소금과 식초를 넣어 준다. 이때 소금과 식초는 단백질을 빨리 응고시켜 내용물이 터지지 않고 껍질을 잘 까지게 하기 위함이다. 강한 불에서 끓기 시작하면 중불로 줄여 7분 정도 삶아 재빨리 찬물에 헹군 뒤 껍질을 살짝 으깨듯이 문질러 까면 쉽게 제거할 수 있다.

 **고추장 양념**

고추장 5큰술, 간장 2큰술, 고춧가루 1큰술

+

양파즙 5큰술, 다진 마늘 3큰술, 청주 3큰술

+

매실청(또는 물엿) 3큰술, 들기름 1큰술

돼지고기 된장 불고기

이렇게 만드세요!

1. **돼지고기 준비하기** 돼지고기는 불고기용으로 준비한다.
2. **고추, 양파, 대파 썰기** 고추는 반으로 갈라 씨를 제거하고 5cm 길이로 가늘게 채를 썰고, 양파와 대파도 가늘게 채 썰어 찬물에 담갔다가 물기를 제거한다.
3. **부추 썰기** 부추는 깨끗이 씻어서 5cm 길이로 썬다.
4. **불고기 양념장 만들기** 된장에 두반장, 굴소스, 고추장, 매실청, 다진 마늘, 배즙, 청주, 후추, 참기름을 분량대로 넣어 불고기 양념장을 만든다.
5. **불고기 양념하기** 돼지고기에 4의 불고기 양념장을 넣어 양념하여 20분 정도 간이 배이게 한다.
6. **된장 불고기 완성하기** 프라이팬에 양념한 5의 돼지고기를 넣고 충분히 볶아 준다.
7. **접시에 담아 내기** 접시에 6을 담고 고추, 양파, 대파, 부추를 잘 섞어 곁들여 낸다.

재료

돼지고기(불고기용) 500g
붉은 고추 1개
양파 1개
대파 1뿌리
부추 50g

 **된장**은 우리나라 전통 발효식품으로 암 예방에 뛰어나다고 보고된 바 있다.
된장에는 납두균, 레시틴 등의 성분이 많아 뇌를 건강하게 하고 섬유질이 풍부해 변비 예방에도 효과적이다.

불고기 양념장

된장 1큰술, 두반장 1큰술

굴소스 1작은술, 고추장 3큰술

매실청 1큰술(또는 물엿), 다진 마늘 2큰술

배즙 3큰술, 청주 1큰술

후추 · 참기름 약간씩

돈민찌 김치전

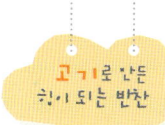

 이렇게 만드세요!

1 **돈민찌 준비하기** 돈민찌(돼지고기 다짐육)는 종이타월 위에 올려 핏물을 제거하여 잡냄새를 없앤다.

2 **배추김치 썰기** 배추김치는 먹기 좋게 송송 썬다.

3 **고추 썰기** 고추도 송송 썰어 준비한다.

4 **김치전 반죽하기** 밀가루에 김치 국물과 물을 넣어 밀가루를 잘 풀어준 다음 달걀, 돈민찌, 김치, 고추를 넣어 반죽한다.

5 **전 부치기** 프라이팬이 뜨거워지면 식용유를 두르고 반죽을 한 국자씩 떠 놓고 노릇노릇하게 굽는다.

6 **접시에 담아 내기** 접시에 돈민찌 김치전을 모양 내어 담고 초간장을 함께 곁들여 낸다.

재료

돈민찌 200g
배추김치 100g
푸른 고추 1개
붉은 고추 1개
밀가루 2컵
김치 국물 5큰술
달걀 1개
식용유, 물 적당량

[초간장]
간장 3큰술
식초 1큰술
고춧가루 1작은술
송송 썬 실파 1큰술

돈민찌 가지볶음

Cooking Plus

- **재료**: 돈민찌(돼지고기 다짐육) 100g, 가지 400g, 양파 1/2개, 대파 1뿌리, 식용유 약간
- **양념**: 간장 2큰술, 다진 마늘 1큰술, 매실청(또는 물엿) 1큰술

[만드는 방법]

1 돈민찌는 종이타월에 올려 핏물을 제거한다.

2 가지는 길이로 4등분하여 3cm 길이로 자른다.

3 양파는 굵게 채를 썰고, 대파는 송송 썬다.

4 프라이팬이 뜨거워지면 식용유를 두르고 돈민찌를 볶다가 어느 정도 익으면 가지와 양파, 양념을 넣어 볶아지면 대파를 넣고 마무리한다.

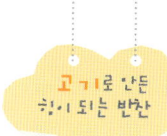

돈육 떡갈비

 이렇게 만드세요!

1. **돼지고기 다지기** 돼지고기는 살코기로 준비하여 곱게 다져 놓는다.
2. **떡볶이떡 준비하기** 떡볶이떡은 부드러운 것으로 준비한다.
3. **고추 다지기** 고추는 곱게 다진다.
4. **갈비 양념 만들기** 간장에 다진 마늘, 청주, 설탕, 후추, 참기름을 분량대로 섞어 갈비 양념을 만든다.
5. **떡갈비 만들기** 곱게 다진 돼지고기에 고추, 갈비 양념을 넣고 많이 치대어 끈기가 생기면 떡볶이떡을 중앙에 넣고 납작하게 만든다.
6. **떡갈비 굽기** 프라이팬이 뜨거워지면 식용유를 두르고 떡갈비를 넣어 은근한 불에서 뒤집어가며 굽는다.

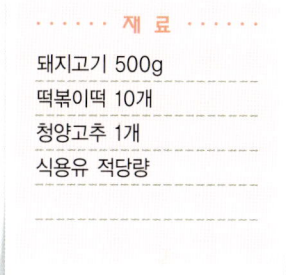

재료
돼지고기 500g
떡볶이떡 10개
청양고추 1개
식용유 적당량

 돼지고기 부위별로 용도 알아보기
- 목살 : 소금구이, 보쌈, 주물럭
- 등심 : 스테이크, 불고기, 찌개, 커틀릿
- 안심 : 장조림, 돈가스, 탕수육, 꼬치구이
- 뒷다리 : 보쌈, 수육, 햄, 장조림
- 앞다리 : 불고기, 찌개, 수육, 보쌈
- 갈비 : 찜, 구이
- 사태 : 장조림, 찌개, 수육
- 갈매기살 : 구이
- 삼겹살 : 로스트, 불고기, 수프, 조림, 베이컨, 다진 고기요리

갈비 양념

간장 3큰술, 다진 마늘 1큰술

+

청주 1큰술, 설탕 1큰술

+

후추 약간, 참기름 약간

소고기채 버섯볶음

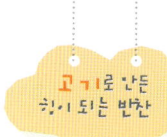

 이렇게 만드세요!

1. **소고기 썰기** 소고기는 종이타월에 올려 핏물을 제거하고 3cm 길이로 가늘게 채를 썬다.
2. **표고버섯 썰기** 표고버섯은 따뜻한 물에 불려 기둥을 떼어 내고 가늘게 채를 썬다.
3. **마늘 썰기** 마늘은 편으로 썰어 곱게 채를 썬다.
4. **고추 썰기** 고추는 3cm 길이로 가늘게 채를 썬다.
5. **밑간 양념 만들기** 간장에 양파즙, 청주, 설탕, 후추, 참기름을 분량대로 섞어 밑간 양념을 만든다.
6. **소고기, 표고버섯 밑간하기** 소고기와 표고버섯은 5의 양념으로 20분 정도 재어 둔다.
7. **소고기채 버섯볶음 완성하기** 프라이팬이 뜨거워지면 약간의 식용유를 두르고 마늘과 고추로 향을 내고 6의 밑간한 소고기와 표고버섯을 넣고 볶아 접시에 담아 낸다.

재료

- 소고기(홍두깨살) 300g
- 마른 표고버섯 3장
- 마늘 5쪽
- 붉은 고추 1개
- 푸른 고추 1개
- 식용유 약간

표고버섯은 버섯 특유의 향이 있으며 손으로 눌러보아 단단하고 표면이 매끄럽고 갓이 두꺼우며 육질이 쫄깃해야 한다. 갓 끝이 전체적으로 오그라들고 갓이 적당하게 퍼져 있으며 갓 안쪽에 있는 주름이 뭉개지지 않은 것이 좋다.

소스 & 양념

밑간 양념

간장 3큰술, 양파즙 1큰술

+

청주 1큰술, 설탕 1작은술

+

후추 약간, 참기름 약간

소고기 불고기 양배추말이 & 약고추장

 이렇게 만드세요!

1. **소고기 준비하기** 소고기는 종이타월에 올려 핏물을 제거하여 잡냄새를 없앤다.
2. **양배추 찌기** 김이 오른 찜통에 양배추를 8분 정도 쪄서 식혀 둔다.
3. **파프리카 썰기** 파프리카는 길이대로 가늘게 채를 썬다.
4. **불고기 밑간 양념 만들기** 볼에 간장과 다진 마늘, 생강즙, 키위즙, 설탕, 참기름을 분량대로 잘 섞어 불고기 밑간 양념을 만든다.
5. **소고기 재우기** 핏물을 제거한 소고기에 준비된 4의 밑간 양념으로 20분 정도 재어 둔다.
6. **불고기 양배추말이 완성하기** 프라이팬에 양념한 불고기를 넣고 볶다가 파프리카를 넣어 불고기가 완성되면 쪄 놓은 양배추에 불고기를 돌돌 말아 모양 내어 썬 다음 접시에 담아 약고추장을 곁들여 낸다.

재료
소고기(불고기용) 400g
양배추 500g
노란색 파프리카 1개
빨간색 파프리카 1개

[불고기 밑간 양념]
간장 2큰술
다진 마늘 1큰술
생강즙 1작은술
키위즙 1/2개 분량
설탕 1큰술
참기름 1큰술

약고추장 만들기

- **재료**: 다진 소고기(우민찌) 100g, 고추장 1컵, 물 5큰술, 물엿 2큰술, 배즙 5큰술, 잣 2큰술
- **소고기 밑간 양념**: 간장 1작은술, 다진 마늘 1큰술, 설탕 1작은술, 후추 약간, 참기름 약간

[만드는 방법]
1. 다진 소고기는 종이타월에 올려 핏물을 제거하고 소고기 밑간 양념을 한다.
2. 프라이팬이 뜨거워지면 밑간한 소고기를 볶다가 소고기가 어느 정도 익으면 고추장을 넣어 볶는다.
3. 소고기와 고추장이 잘 어우러지면 물, 물엿, 배즙을 넣고 은근하게 볶다가 잣을 넣고 약고추장을 완성한다.

Part3

- 삼치 양파 조림
- 오징어 새우 콩나물찜
- 간장 게장
- 조개젓 무침(오징어젓 무침)
- 낙지 삼겹살 볶음
- 꽃게 양념무침
- 메추리알 오징어 장조림
- 오징어 쪽파 초회
- 갈치 고사리 조림
- 꽁치 김치롤 조림
- 매운 주꾸미 볶음
- 코다리 매운 조림
- 장어 구이

해산물로 만든 신선한 반찬

∴ Sea food

삼치 양파 조림

 이렇게 만드세요!

1. **삼치 밑간하기** 삼치는 조림용으로 손질을 하여 약간의 소금을 뿌려 밑간한다.

2. **양파와 당근, 고추 썰기** 양파는 굵게 채를 썰고, 당근은 사방 2cm 길이로 잘라 모서리를 다듬어 럭비공처럼 만들고, 마른 고추는 송송 썬다.

3. **삼치 굽기** 프라이팬이 뜨거워지면 들기름을 두르고 송송 썬 마른 고추와 통후추로 향을 낸 후 삼치를 노릇하게 익힌다. 이때 삼치를 구우면 살에 탄력이 생겨 맛있게 먹을 수 있다.

4. **삼치 조림장 만들기** 다시마국물에 매실청, 청주, 간장, 물엿을 넣어 조림장을 만든다.

5. **삼치 조림하기** 냄비에 구운 삼치와 양파, 당근을 넣고 조림장을 부어 끓으면 약불에서 국물을 끼얹어가며 은근하게 조린다.

6. **조림 완성하기** 국물이 한 스푼 정도 남으면 삼치 양파 조림을 그릇에 담고 남은 국물을 끼얹어 낸다.

재료
- 삼치 1마리(소금 약간)
- 양파 1개
- 당근 1/2개
- 마른 고추 1개
- 통후추 1작은술
- 들기름 1큰술

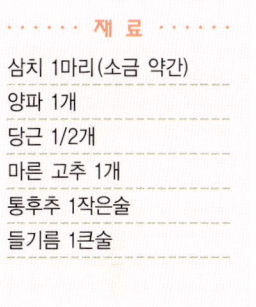

조림장					
	다시마국물 5큰술	매실청 1큰술	청주 2큰술	간장 3큰술	물엿 2큰술

오징어 새우 콩나물찜

 이렇게 만드세요!

1. **오징어 손질하기** 오징어는 내장을 제거하고 깨끗이 씻어 준비한다.
2. **새우 손질하기** 새우는 등쪽에 이쑤시개로 찔러 내장을 제거하고 깨끗이 씻어 준비한다.
3. **콩나물 씻기** 콩나물은 꼬리를 떼어 내고 깨끗이 씻어서 준비한다.
4. **고추·대파 썰기** 고추와 대파는 어슷하게 썬다.
5. **찜 양념 만들기** 고추장에 고춧가루, 천일염, 다진 마늘, 생강즙, 청주를 분량대로 섞어 찜 양념을 만든다.
6. **콩나물 삶기** 콩나물은 약간의 물을 넣고 끓으면 5분 정도 약불에서 삶는다. 이때 콩나물의 비린내 방지를 위해 뚜껑을 덮고 삶아야 하며, 삶는 도중에는 뚜껑을 열지 않는다.
7. **찜 완성하기** 냄비에 오징어와 새우, 찜 양념을 넣고 나무주걱으로 뒤적여가며 익히다가 삶아둔 콩나물과 고추, 대파를 넣고 빠르게 완성한다.
8. **접시에 담기** 완성된 오징어 새우 콩나물찜을 접시에 소담스럽게 담고 통깨를 뿌려 낸다.

재료

오징어 2마리
새우 10마리
굵은 콩나물 400g
붉은 고추 2개
푸른 고추 2개
대파 1대
통깨 1큰술

오징어는 DHA, EPA가 풍부하여 뇌기능을 증진시키며 치매 예방에도 도움이 된다. 또한, 오징어 껍질에는 타우린 성분이 있어 피로회복에도 도움이 되며 인슐린 분비를 촉진시켜 당뇨를 예방해 준다.
오징어는 빨판이 제대로 붙어 있고 갈색이 진할수록 신선하다.

소스 & 양념

찜 양념

고추장 3큰술, 고춧가루 3큰술   천일염(굵은 소금) 1큰술, 다진 마늘 3큰술   생강즙 1작은술, 청주 2큰술

간장 게장

🍋 **이렇게 만드세요!**

1. **꽃게 손질하기** 게는 아가미를 떼어 내고 껍질째 솔로 문질러 깨끗이 씻는다.

2. **양파, 대파 썰기** 양파는 껍질을 벗기고 깨끗이 씻어 반으로 자르고, 대파는 적당하게 잘라 둔다.

3. **생강, 마른 고추 썰기** 생강은 편으로 썰고, 마른 고추는 가위로 듬성듬성 잘라 둔다.

4. **게장 간장 만들기** 간장에 국간장, 미림, 물을 분량대로 섞어 게장 간장을 만들어 20분 정도 끓여 식힌다.

5. **간장 게장 만들기** 밀폐용기에 씻어 둔 게를 넣고 4의 게장 간장을 붓는다. 3일 후부터 먹을 수 있으며 좀 더 오래 먹으려면 냉동 보관해야 한다. 이틀 뒤 간장을 따라 내어 20분 정도 끓여서 식혀 다시 부어 준다.

재료

꽃게 10마리
양파 1개
대파 1뿌리
생강 1톨
마른 고추 2개

꽃게는 6월 달에 가장 맛이 있다. 암컷은 어두운 갈색이며 등딱지 표면에 흰 무늬가 있고 복부 쪽에 단단한 꼭지가 나 있으며, 수컷은 초록빛을 띤 짙은 갈색이며 복부 쪽에 단단한 꼭지에 모가 나 있다. 껍질에는 아스타잔틴이라는 물질이 있어 삶으면 껍질이 붉은색을 띠게 된다.

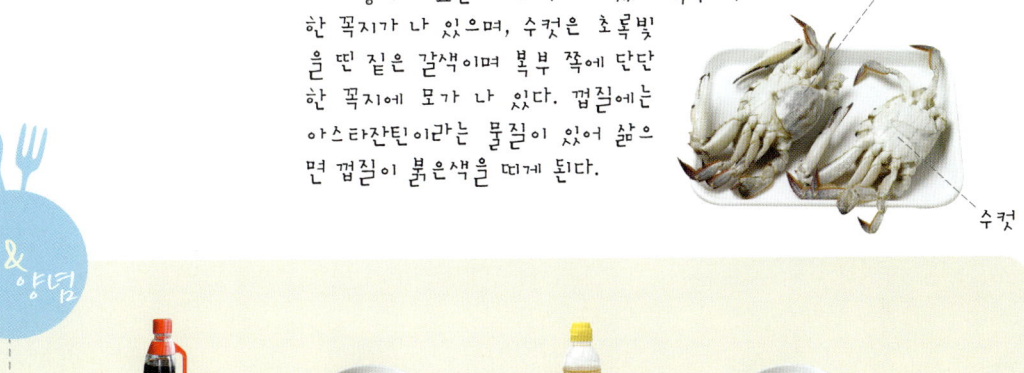

소스 & 양념

게장 간장 : 간장 3컵 + 국간장 1컵 + 미림 1컵 + 물 1컵

조개젓 무침 (오징어젓 무침)

🫑 이렇게 만드세요!

1. **조갯살 준비하기** 조갯살은 옅은 소금물에 잠시 담갔다가 물기를 제거한다.
2. **양파, 무 썰기** 양파와 무는 사방 1cm로 얇게 썬다.
3. **고추 썰기** 푸른 고추와 붉은 고추는 송송 썬다.
4. **마늘 채 썰기** 마늘은 편으로 썬 후 곱게 채를 썬다.
5. **무침 양념 만들기** 고춧가루에 다진 마늘, 다진 생강, 설탕, 소금, 참기름, 통깨를 분량대로 넣어 무침 양념을 만든다.
6. **조개젓 무침 완성하기** 조갯살에 양파, 무, 고추, 마늘을 넣고 무침 양념을 넣어 조물조물 무쳐 접시에 담아 낸다.

재료
- 조갯살 200g
- 양파 1/2개
- 무 50g
- 푸른 고추 1개
- 붉은 고추 1개
- 마늘 2톨

Tip 조개젓은 입맛 없을 때 먹기 좋은 반찬이다. 무를 얇게 썰어 넣고 무침 양념으로 조물조물 무치거나 좀 더 매콤한 맛을 원할 때는 청양고추를 송송 썰어 무쳐 하얀 쌀밥에 올려 먹으면 밥도둑이 따로 없다.

오징어젓 무침
오징어젓 무침도 동일한 방법으로 만들면 된다.

무침 양념

 +  +

고춧가루 1큰술, 다진 마늘 1큰술, 다진 생강 1/2작은술   설탕 1작은술, 소금 1작은술   참기름 약간, 통깨 1작은술

낙지 삼겹살 볶음

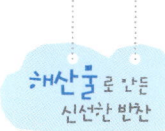

 이렇게 만드세요!

1. **낙지 손질하기** 낙지는 싱싱한 것으로 골라 밀가루로 문질러 씻어 5cm 길이로 자른다.
2. **돼지고기 준비하기** 돼지고기는 삼겹살 부위로 준비하여 한 입 크기로 자른다.
3. **볶음 양념 만들기** 분량대로 재료를 넣어 볶음 양념을 만든다.
4. **낙지 삼겹살 양념하기** 손질된 낙지와 삼겹살에 볶음 양념을 넣어 20분 동안 재어 둔다.
5. **양파 썰기** 양파는 굵게 채를 썬다.
6. **고추, 대파 썰기** 고추와 대파는 어슷하게 썬다.
7. **볶음 완성하기** 프라이팬에 재어 둔 낙지와 삼겹살을 넣고 볶다가 양파와 고추, 대파를 넣어 볶아 완성한다.
8. **그릇에 담기** 완성된 낙지 삼겹살 볶음을 그릇에 담고 통깨를 뿌려 낸다.

재 료

- 낙지 3마리(밀가루 약간)
- 돼지고기(삼겹살) 300g
- 양파 1개
- 붉은 고추 2개
- 푸른 고추 2개
- 대파 1대
- 통깨 약간

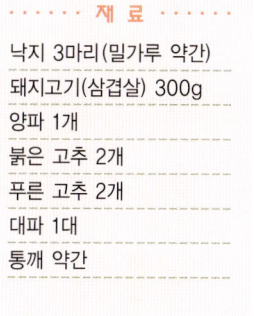

낙지는 스태미나 식품으로 단백질, 비타민, 인, 철 등이 풍부하며 뇌기능에 도움을 주는 DHA가 많이 함유되어 있어 두뇌 발달에 좋다.

볶음 양념

고추장 4큰술, 고춧가루 2큰술

간장 2큰술, 다진 마늘 2큰술

다진 파 1작은술, 매실청(또는 물엿) 1큰술

청주 1큰술, 생강즙 1작은술

후추 약간, 참기름 약간

꽃게 양념무침

🍎 이렇게 만드세요!

1. **꽃게 손질하기** 꽃게는 손질하여 깨끗이 씻은 후 몸통을 4등분하고 집게다리는 칼등으로 자근자근 두들겨 준다.
2. **마늘 썰기** 마늘은 편으로 납작하게 썬다.
3. **고추 썰기** 고추는 어슷하게 썬다.
4. **무침 양념 만들기** 간장에 국간장, 고춧가루, 다진 마늘, 청주, 생강즙, 통깨를 분량대로 섞어 무침 양념을 만든다.
5. **꽃게 양념무침 완성하기** 큰 볼에 준비된 꽃게, 마늘, 고추와 무침 양념을 넣고 고루 버무려 완성한다.

재료
- 살아있는 꽃게 5마리
- 마늘 15톨
- 푸른 고추 1개
- 붉은 고추 1개

Tip 꽃게 손질하는 방법
꽃게는 싱싱한 것으로 구입해서 솔로 구석구석 닦아주고 암·수 구분하는 배 아랫부분을 떼어 내고 꽃게 등딱지(뚜껑)를 열어준다. 몸통 부분에 달려 있는 아가미와 눈, 입 등을 가위로 잘라 내고 용도에 맞게 토막 내어 사용한다.

무침 양념: 간장 5큰술, 국간장 5큰술 + 고춧가루 1컵, 다진 마늘 3큰술 + 청주 3큰술, 생강즙 1작은술 + 통깨 1큰술

메추리알 오징어 장조림

 이렇게 만드세요!

1. **메추리알 삶기** 메추리알을 냄비에 넣고 물이 잠기게 부어 삶아서 찬물에 식혀 껍질을 까 놓는다.
2. **오징어 손질하기** 오징어는 내장을 제거하고 배 안쪽에 칼집을 넣어 사방 3cm 길이로 자른다.
3. **마늘 준비하기** 마늘은 깨끗이 씻어 준비한다.
4. **장조림장 만들기** 간장에 물엿, 생강즙을 섞어 장조림장을 만든다.
5. **향채 끓이기** 물 5컵에 향채 재료인 대파, 양파, 무, 통후추, 다시마를 넣고 끓으면 불을 줄여 은근하게 끓여 반으로 줄면 향채 재료를 건진다.
6. **장조림 완성하기** 준비된 5에 메추리알과 오징어, 마늘, 조림장을 넣고 은근하게 조리다가 간이 배이면 불을 끄고 참기름과 통깨를 뿌려 낸다.

재 료

메추리알 20알
오징어 2마리
마늘 10알
참기름 약간
검은 통깨 약간

[향채 재료]

물 5컵
대파 1뿌리
양파 1개
무 50g
통후추 1큰술
다시마(사방 10cm) 1장

메추리알로 장조림을 하면 어린이 반찬으로 으뜸이라 할 수 있다. 메추리알은 무게감이 있고 껍질이 거칠며 깨뜨렸을 때 노른자가 볼록하게 올라와 있고 흰자가 퍼지지 않는 것이 신선하다.

장조림장

간장 5큰술

+

물엿 2큰술

+

생강즙 1작은술

오징어 쪽파 초회

 이렇게 만드세요!

1 **오징어 손질하기** 오징어는 껍질을 벗기고 배 안쪽에 칼집을 넣어 적당한 크기로 잘라 끓는 물에 소금을 넣고 데쳐서 식힌다.

2 **브로콜리 데치기** 브로콜리는 모양 내어 잘라 끓는 물에 소금을 넣고 데쳐서 찬물에 헹궈 식힌다.

3 **쪽파 데치기** 쪽파는 끝부분을 잘라 진을 뺀 다음 끓는 물에 소금을 넣고 데쳐서 찬물에 헹궈 물기를 제거한다.

4 **고추 썰기** 고추는 송송 썰어서 준비한다.

5 **초고추장 만들기** 고추장에 설탕, 식초, 다진 마늘, 통깨를 넣어 초고추장을 만든다.

6 **오징어 쪽파 초회 만들기** 오징어에 브로콜리를 모양 있게 올려 쪽파로 돌돌 말아 끝을 찔러 넣어 마무리한다.

7 **오징어 쪽파 초회 담아 내기** 접시에 완성된 6을 담고 송송 썬 고추를 올리고 초고추장을 뿌리거나 곁들여 낸다.

재료

오징어 2마리
브로콜리 300g
쪽파 20뿌리
붉은 고추 2개
소금 약간

| 초고추장 |  | + |  | + |  |

고추장 5큰술, 설탕 1큰술   식초 2큰술, 다진 마늘 1큰술   통깨 1큰술

갈치 고사리 조림

 이렇게 만드세요!

1. **갈치 손질하기** 갈치는 지느러미를 자르고 비늘을 긁어 깨끗이 씻어 준비한다.
2. **고사리 준비하기** 데친 고사리는 5cm 길이로 자른다.
3. **무 썰기** 무는 납작하게 자른다.
4. **대파, 고추 썰기** 대파와 고추는 어슷하게 썬다.
5. **다시마국물 준비하기** 물에 다시마를 넣고 끓으면 불을 줄이고 10분 가량 더 끓이다가 불을 끈다.
6. **조림장 만들기** 고추장에 고춧가루, 간장, 물엿, 다진 마늘, 청주, 생강즙을 분량대로 넣고 조림장을 만든다.
7. **갈치 조림하기** 냄비에 무와 갈치, 고사리를 넣고 6의 조림장을 넣은 다음 5의 다시마국물을 부어 바글바글 끓으면 불을 줄여 은근히 국물을 끼얹어가며 국물이 자작해질 때까지 졸인다.
8. **갈치 조림 완성하기** 국물이 자작해지면 대파와 고추를 올리고 불을 끈 뒤 잠시 두었다가 접시에 담아 낸다.

재료

갈치 1마리
데친 고사리 200g
무 100g
대파 1뿌리
붉은 고추 1개
푸른 고추 1개
다시마 국물 2컵(물 3컵, 다시마(사방 10cm) 1장)

고사리는 건조된 상태에서 짙은 밤색을 띠며 대가 통통한 것이 좋다. 주로 고사리나물, 육개장, 녹두전 등에 많이 이용된다. 고사리는 식이섬유소가 풍부하여 변비를 없애주고 다이어트에 좋으며 소변을 잘 보게 하여 붓기를 내려준다.

조림장

고추장 2큰술, 고춧가루 1큰술

간장 1작은술, 물엿 1큰술
다진 마늘 2큰술

청주 1작은술, 생강즙 1작은술

꽁치 김치롤 조림

 이렇게 만드세요!

1. **통조림 기름 제거하기** 꽁치 통조림은 체에 밭쳐 기름기를 제거하고 3cm 길이로 토막 낸다.

2. **묵은지 준비하기** 김치 묵은지는 속을 털어 내고 뿌리를 잘라 꽁치를 감을 수 있게 길이대로 준비한다.

3. **고추 썰기** 붉은 고추와 푸른 고추는 어슷하게 썬다.

4. **다시마국물 준비하기** 물에 다시마를 넣고 끓으면 불을 줄여 10분 정도 더 끓이다가 불을 끈다.

5. **조림장 만들기** 고추장에 고춧가루, 다진 마늘, 청주, 들기름을 분량대로 넣고 조림장을 만든다.

6. **꽁치 묵은지로 감아 끓이기** 꽁치를 묵은지로 돌돌 말아 냄비에 담고 조림장을 끼얹은 다음 다시마 국물을 부어 바글바글 끓으면 불을 줄여 은근히 조리다가 고추를 넣고 불을 끈다.

재료

- 꽁치(통조림) 1통
- 묵은지(김치) 300g
- 붉은 고추 1개
- 푸른 고추 1개
- 다시마 국물 3컵(물 4컵, 다시마(사방 10cm) 1장)

 꽁치의 붉은색 살은 비타민 B12와 철분이 풍부하여 빈혈 예방에 좋으며 DHA 성분이 많아 두뇌 발달에 좋다. 꽁치통조림은 뼈가 연하고 비린내가 적어 조림이나 찌개에 많이 이용된다.

조림장

 고추장 1큰술, 고춧가루 1큰술 +  다진 마늘 2큰술, 청주 1큰술 +  들기름 1작은술

매운 주꾸미 볶음

🫑 *이렇게 만드세요!*

1 **주꾸미 손질하기** 주꾸미는 먹물을 떼고 밀가루로 문질러 씻어 3cm 길이로 자른다.

2 **양배추, 깻잎, 양파 썰기** 양배추와 깻잎, 양파는 굵게 채를 썬다.

3 **고추 썰기** 고추는 어슷하게 썬다.

4 **볶음 양념장 만들기** 볼에 고추장과 고춧가루, 간장, 다진 마늘, 생강즙, 물엿, 청주, 후추를 분량대로 넣고 볶음 양념장을 만든다.

5 **볶음 양념장에 주꾸미 재우기** 볼에 주꾸미와 양배추, 양파를 담고 볶음 양념장을 넣어 10분 정도 재어 둔다.

6 **매운 주꾸미 볶음 완성하기** 프라이팬이 뜨거워지면 5의 재어 둔 주꾸미와 채소를 넣고 빠르게 볶아 깻잎과 고추를 넣어 마무리하고 불을 끄고 통깨와 참기름을 넣는다.

재료

- 주꾸미 5마리(밀가루 약간)
- 양배추 200g
- 깻잎 10장
- 양파 1/2개
- 붉은 고추 1개
- 푸른 청양고추 1개
- 통깨 1큰술
- 참기름 1작은술

봄이면 제철인 <u>주꾸미</u>는 간단하게 살짝 데쳐서 초고추장에 찍어 먹기도 하고, 주꾸미 볶음에 소면을 삶아 함께 비벼 먹으면 한 끼 식사로도 손색이 없다. 또한, 주꾸미에 돼지고기를 함께 양념하여 볶아도 서로 궁합이 잘 맞는다.

볶음 양념장

고추장 3큰술, 고춧가루 2큰술

간장 1큰술, 다진 마늘 2큰술, 생강즙 1작은술

물엿 1큰술, 청주 1큰술, 후추 약간

코다리 매운 조림

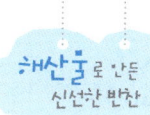

 이렇게 만드세요!

1 **코다리 손질하기** 코다리는 지느러미를 자르고 3cm 정도의 크기로 자른다.

2 **무, 양파 썰기** 무는 납작하게 썰고, 양파는 굵은 채로 썬다.

3 **고추 썰기** 고추는 어슷하게 썬다.

4 **코다리국물 만들기** 냄비에 코다리대가리와 무, 대파, 양파, 물을 넣고 끓여 코다리국물을 만든다.

5 **매운 조림장 만들기** 볼에 고추장과 고춧가루, 간장, 다진 마늘, 청주, 생강즙, 양파즙, 들기름을 분량대로 넣고 조림장을 만든다.

6 **코다리 매운 조림 조리기** 냄비가 뜨거워지면 올리브유를 두르고 코다리와 양파를 구워 코다리 살이 단단하게 익으면 무와 5의 매운 조림장과 코다리국물을 부어 끓으면 중불로 줄여 은근하게 조린다.

7 **코다리 매운 조림 완성하기** 코다리에 간이 잘 스며들어 맛이 나면 고추를 넣어 코다리 매운 조림을 완성한다.

재료

- 코다리 2마리
- 무 100g
- 양파 1/2개
- 붉은 고추 1개
- 푸른 고추 1개
- 코다리국물 1컵
- (재료 : 코다리대가리 2개, 무 1쪽, 대파 1뿌리, 양파 1/2개, 물 3컵)
- 올리브유 약간

Tip 코다리를 기름에 구울 때 양파를 함께 구워 주면 코다리 특유의 비린내를 제거할 수 있으며, 코다리를 올리브유에 구워서 조리하게 되면 코다리 살에 탄력이 생겨 쫄깃한 코다리 조림을 즐길 수 있다.

매운 조림장

 고추장 3큰술, 고춧가루 3큰술, 간장 1큰술

+  다진 마늘 2큰술, 청주 1큰술, 생강즙 1작은술

+  양파즙 2큰술, 들기름 1작은술

장어 구이

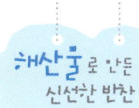

🍎 *이렇게 만드세요!*

1 **장어국물 준비하기** 장어 대가리와 뼈는 국물로 준비한다.
2 **장어 손질하기** 장어는 물에 씻지 않고 칼로 긁으면서 종이 타월로 닦는다.
3 **생강 썰기** 생강은 편으로 썬 후 곱게 채 썰어 찬물에 담갔다가 물기를 제거한다.
4 **무순 손질하기** 무순은 깨끗이 씻어 놓는다.
5 **장어 소스 만들기** 흑설탕에 설탕, 물엿, 간장, 장어국물, 청주, 생강즙을 분량대로 넣고 장어 소스를 만든다.
6 **장어 조리기** 프라이팬에 장어 소스와 장어를 넣고 은근히 조리면서 소스를 끼얹어 준다.
7 **장어 구이 완성하기** 조린 장어를 적당하게 잘라 접시에 담고 생강채, 무순을 담아 낸다.

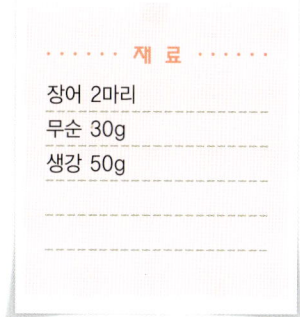

재료

장어 2마리
무순 30g
생강 50g

2

3

6

장어 소스

흑설탕 2큰술, 설탕 2큰술, 물엿 3큰술

+

간장 1/3컵, 장어국물 1/2컵

+

청주 3큰술, 생강즙 3큰술

Part4

- 알타리무 김치
- 나박김치
- 배추김치
- 양배추 김치
- 오이 소박이
- 깍두기
- 파김치
- 열무김치
- 우엉김치

아삭아삭 소리까지
맛있는 반찬 김치

∴ Kimchi

알타리무 김치

🍎 **이렇게 만드세요!**

1. **알타리무 손질하기** 알타리무는 깨끗이 손질하여 물에 씻어 천일염(굵은 소금)을 뿌려 2시간 정도 절인 후 다시 물로 씻어 물기를 제거한다.
2. **쪽파 손질하기** 쪽파는 깨끗이 씻어 약간의 소금을 뿌려 숨이 죽으면 물에 씻어 준비한다.
3. **고추 썰기** 고추는 어슷하게 썬다.
4. **김치 양념 만들기** 고춧가루에 까나리액젓, 찹쌀풀, 새우젓, 다진 마늘, 다진 생강을 분량대로 넣고 고루 잘 섞어 김치 양념을 만든다.
5. **알타리무 양념하기** 큰 볼에 알타리무, 쪽파, 붉은 고추를 넣고 김치 양념으로 골고루 버무려 준다.

재료

- 알타리무 1단
- 천일염(굵은 소금) 1컵
- 쪽파 1/2단
- 붉은 고추 5개

알타리무의 표준어는 총각무이다. 총각무의 총각은 '상투를 틀지 않고 머리를 땋아서 묶은 결혼하지 않은 성인 남자'를 뜻하는 말로 무청의 생김새가 총각의 땋은 머리와 비슷하다 해서 붙여진 명칭이다. 무청에는 비타민 C가 풍부하며 깍두기, 총각김치, 동치미 등을 담가 먹는다.

김치 양념

고춧가루 1컵, 까나리액젓 1/2컵

+

찹쌀풀 1컵, 새우젓 5큰술

+

다진 마늘 5큰술, 다진 생강 1큰술

나박김치

 이렇게 만드세요!

1 **배추, 무 썰기** 배추와 무는 사방 2cm 크기로 얇게 썰어서 천일염(굵은 소금)으로 각각 절여 물에 씻어 물기를 제거한다.

2 **당근, 배 썰기** 당근과 배는 사방 2cm 크기로 얇게 썬다.

3 **미나리, 고추 썰기** 미나리는 3cm 길이로 썰고, 고추는 어슷하게 썬다.

4 **김치 국물 만들기** 거즈에 고춧가루를 싸서 15컵의 물에 넣고 색을 낸 후 준비된 다진 마늘, 다진 생강, 양파즙, 배즙, 소금을 넣어 김치 국물을 만든다.

5 **김치 국물 붓기** 김치통에 준비된 배추, 무, 당근, 배, 미나리, 붉은 고추를 담고 그 위에 4의 김치 국물을 부어 익으면 냉장고에 보관하여 먹는다.

Tip 나박김치는 배추와 무, 배, 미나리 등 부재료에 국물을 부어 만든 김치를 말한다. 여기서 빠질 수 없는 것이 배이며 달큰하게 씹히는 맛이 일품이다. 명절에 전이나 튀김과 같은 기름진 음식과 함께 먹으면 입맛이 개운해진다.

재료

- 통배추 속대 5장
- 무 1/4개
- 당근 1/2개
- 배 1/2개
- 미나리 1/4단
- 붉은 고추 5개
- 천일염(굵은 소금) 적당량

김치 국물

물 15컵, 고춧가루 5큰술

다진 마늘 5큰술, 다진 생강 1작은술, 양파즙 5큰술

배즙 10큰술, 소금 적당량

배추김치

 이렇게 만드세요!

1. **배추 절이기** 배추는 4등분으로 잘라 소금을 뿌려 3시간 정도 절여 찬물에 여러 번 헹궈 물기를 제거한다.
2. **무 썰기** 무는 곱게 채를 썬다.
3. **쪽파 준비하기** 쪽파는 3cm 길이로 자른다.
4. **김치 양념 만들기** 고춧가루에 멸치액젓, 새우젓, 찹쌀풀, 다진 마늘, 다진 생강, 양파즙, 소금을 넣고 김치 양념을 만든다.
5. **김치 소 만들기** 4의 양념에 채 썬 무와 쪽파를 넣고 잘 어우러지게 섞어 준다.
6. **김치 소 넣기** 절여 둔 배추에 켜켜이 김치 소를 넣어 마지막 배춧잎으로 잘 말아 김치통에 꾹꾹 눌러 담아 익힌다.
7. **고명 올리기** 배추를 모양 내어 잘라 접시에 담고 고명으로 대추와 잣을 올린다.

Tip 배추김치는 한국인 밥상에 빠져서는 안 되는 김치로, 배추와 더불어 부재료가 지닌 다양한 영양 성분이 인체의 생리기능 활성화에 도움을 주는 식품으로 널리 알려져 있다.

재료

배추 2포기
(굵은 소금 적당량)
무 1/2개
쪽파 10뿌리

[고 명]
대추 3개
잣 1큰술

김치 양념

고춧가루 1컵, 멸치액젓 1/2컵, 새우젓 5큰술

찹쌀풀 1컵, 다진 마늘 1/2컵, 다진 생강 1큰술

양파즙 5큰술, 소금 적당량

양배추 김치

 이렇게 만드세요!

1. **양배추 절이기** 양배추는 심을 제거하고 사방 10cm 길이로 잘라 천일염(굵은 소금)을 뿌려 30분 정도 절여 여러 번 씻는다.
2. **무, 당근 썰기** 무와 당근은 가늘게 채를 썬다.
3. **고추, 쪽파 썰기** 고추는 어슷하게 썰고, 쪽파는 4cm 길이로 썬다.
4. **김치 양념 만들기** 멸치액젓에 찹쌀풀, 다진 마늘, 다진 생강을 분량대로 넣어 김치 양념을 만든다.
5. **김치 소 넣기** 김치 양념에 채 썬 무와 당근, 붉은 고추, 쪽파를 넣고 버무려 김치 소를 만든다.
6. **김치 완성하기** 양배추 사이에 김치 소를 켜켜이 넣고 익으면 먹는다.

재료
- 양배추 1/2통
- 무 1/4개
- 당근 1/2개
- 붉은 고추 3개
- 쪽파 10뿌리
- 천일염(굵은 소금) 1컵

양배추는 아삭아삭 씹히는 맛이 고소하고 달콤하다. 적채를 사용하면 보라색이 우러나와 예쁜 색의 양배추 김치를 만들 수 있다. 또한, 양념에 고춧가루만 첨가하면 색다른 맛의 양배추 김치를 즐길 수 있다.

김치 양념

 +  +  +

멸치액젓 1/2컵   찹쌀풀 1컵   다진 마늘 5큰술   다진 생강 1작은술

오이 소박이

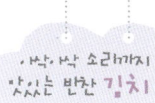

🍎 **이렇게 만드세요!**

1. **오이 손질하기** 오이는 소금으로 문질러 씻어 가시를 제거하고 4cm 길이로 잘라 십자 모양으로 칼집을 넣어 천일염(굵은 소금)을 뿌려 1시간 정도 절여 여러 번 씻는다.
2. **부추 썰기** 부추는 깨끗이 씻어 송송 썬다.
3. **양파, 고추 다지기** 양파와 고추는 곱게 다진다.
4. **김치 양념 만들기** 고춧가루에 까나리액젓, 새우젓, 다진 마늘, 다진 생강, 통깨를 분량대로 넣어 김치 양념을 만든다.
5. **김치 완성하기** 큰 볼에 준비된 부추, 양파, 고추, 김치 양념을 넣어 잘 버무려 주고 나머지 간은 소금으로 한 뒤 절여둔 오이 사이에 잘 넣어 오이 소박이를 완성한다.

재료

- 오이 5개
- 부추 1/2단
- 양파 1/2개
- 붉은 고추 1개
- 천일염(굵은 소금) 적당량
- 소금 적당량

[김치 양념]

- 고춧가루 1/2컵
- 까나리액젓 5큰술
- 새우젓 1큰술
- 다진 마늘 5큰술
- 다진 생강 1작은술
- 통깨 1큰술

오이부추 겉절이 — Cooking Plus

- **재료** : 오이 4개, 부추 100g, 소금 약간
- **김치 양념** : 고춧가루 1/2컵, 까나리액젓 5큰술, 새우젓 1큰술, 다진 마늘 5큰술, 다진 생강 1작은술, 통깨 1큰술

[만드는 방법]

1. 오이를 십자 모양으로 중앙에 길게 칼집을 넣어 3cm 길이로 잘라 소금에 절여 준비한다.
2. 부추는 손질하여 깨끗이 씻어 3cm 길이로 썬다.
3. 볼에 오이와 부추, 김치 양념을 넣고 버무려 주면 오이부추 겉절이가 완성된다.

깍두기

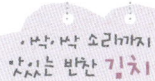

 이렇게 만드세요!

1. **무 썰기** 무는 납작하게 사방 4cm 크기, 두께 1cm로 잘라 천일염으로 1시간 정도 절여 물에 씻어 물기를 제거한다.
2. **쪽파, 대파 썰기** 쪽파는 4cm 길이로 썰고, 대파는 어슷하게 썬다.
3. **양파 썰기** 양파는 껍질을 벗겨 씻어서 채를 썬다.
4. **김치 양념 만들기** 고춧가루에 찹쌀풀, 멸치액젓, 새우젓, 다진 마늘, 다진 생강을 분량대로 섞어 김치 양념을 만든다.
5. **깍두기 완성하기** 준비된 무에 쪽파, 대파, 양파를 넣고 김치 양념으로 잘 버무려 준다.

재 료

무 2개
쪽파 10뿌리
대파 1뿌리
양파 1개
천일염 1컵

 무는 소화가 잘되고 혈액을 맑게 하며 무청에는 비타민 A, C가 많아 기미와 주근깨가 침착되는 것을 예방하는 미백기능이 있다. 또한 항산화작용을 하므로 노화, 암, 동맥경화 등의 원인이 되는 활성산소를 억제하는 효과가 있다.

소스 & 양념

김치 양념

고춧가루 1컵, 찹쌀풀 1컵

멸치액젓 5큰술, 새우젓 1큰술

다진 마늘 5큰술, 다진 생강 1작은술

파김치

 이렇게 만드세요!

1. **쪽파 손질하기** 쪽파는 깨끗이 씻어 물기를 뺀 후 멸치액젓 (1컵)에 1시간 정도 절인다.
2. **양파 썰기** 양파는 가늘게 채를 썬다.
3. **파김치 양념 만들기** 파를 절였던 멸치액젓에 찹쌀풀, 고춧가루, 배즙, 설탕, 검은 통깨를 분량대로 섞어 파김치 양념을 만든다.
4. **파김치 양념에 버무리기** 절인 파에 파김치 양념과 채 썬 양파를 넣어 버무리고 다섯 개씩 돌돌 말아 통에 담아 익혀서 냉장고에 보관한다.

재료

쪽파 1단
양파 1개

 **쪽파**에는 칼슘과 인의 함량이 많아 흰밥과 함께 먹으면 흰밥에 부족한 칼슘과 인이 보충되며 비타민이 풍부하여 위의 기능을 돕고 감기 예방에 효과가 있다. 생선이나 고기의 비린내를 중화시켜 주는 해독작용이 있어 많이 사용되며, 고기를 연하게 하는 연육작용을 하기도 한다.

파김치 양념

멸치액젓 1컵, 찹쌀풀 5큰술

고춧가루 1/2컵, 배즙 5큰술

설탕 2큰술, 검은 통깨 1큰술

열무김치

 이렇게 만드세요!

1. **열무 절이기** 열무는 손질하여 절반 정도의 길이로 잘라 천일염(굵은 소금)을 뿌려 1시간 정도 절여 찬물에 여러 번 헹궈 물기를 제거한다.

2. **양파 썰기** 양파는 껍질을 벗기고 씻어서 가늘게 채를 썬다.

3. **쪽파 손질하기** 쪽파는 깨끗이 씻어 뿌리 부분에 칼집을 넣고 열무 길이와 같게 자른다.

4. **김치 양념 만들기** 볼에 고춧가루와 찹쌀풀, 붉은 고추 갈은 것, 다진 마늘, 다진 생강, 멸치액젓, 매실청, 소금을 넣고 김치 양념을 만들어 20분 정도 둔다.

5. **열무김치 완성하기** 절여진 열무와 양파, 쪽파를 큰 볼에 담고 4의 김치 양념을 넣어 버무려 용기에 담아 익혀 냉장고에 보관한다.

재료
- 열무 1단
- 천일염(굵은 소금) 1컵
- 양파 1개
- 쪽파 10뿌리

열무는 비타민 A, C가 풍부해 피부의 탄력을 유지해 주고 감기 예방에도 좋으며, 시력 저하 방지, 피부와 모발 건강에 효과가 있다.
또한, 열무는 칼로리가 낮아 다이어트 식품으로도 알려져 있다.

김치 양념

고춧가루 1/2컵, 찹쌀풀 2컵 + 붉은 고추 갈은 것 5개, 다진 마늘 5큰술 + 다진 생강 1작은술, 멸치액젓 1/3컵 +

매실청 1큰술, 소금 약간   찹쌀풀 2컵   찹쌀가루 1/3컵, 물 2컵

우엉김치

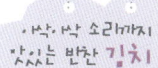

 이렇게 만드세요!

1. **우엉 손질하기** 우엉은 칼등으로 껍질을 긁어 내고 3cm 길이로 잘라 납작하게 썬다.

2. **당근 썰기** 당근은 3cm 길이로 채를 썬다.

3. **쪽파 썰기** 쪽파는 깨끗이 씻어서 3cm 길이로 자른다.

4. **김치 양념 만들기** 볼에 고춧가루와 간장, 소금, 다진 마늘, 물엿, 참기름, 통깨를 분량대로 섞어 김치 양념을 만든다.

5. **우엉, 당근 데치기** 물이 끓으면 약간의 소금을 넣고 당근을 먼저 데쳐 내고 그 다음 우엉을 넣어 약간 무를 정도로 삶아 건져 낸다.

6. **우엉김치 완성하기** 큰 볼에 우엉과 당근, 쪽파를 넣고 4의 양념을 넣어 골고루 잘 버무려 간이 배도록 하여 우엉김치를 완성한다.

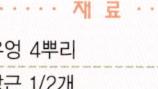

재료

- 우엉 4뿌리
- 당근 1/2개
- 쪽파 10뿌리
- 소금 약간

Tip 우엉은 뿌리 채소의 대표적인 식품으로 짭조름하게 조려 반찬으로 많이 먹으며, 김밥이나 유부초밥의 속 재료로 많이 쓰인다. 우엉은 아삭아삭 씹히는 맛과 향이 있어 많은 사람들이 즐겨 먹는다.

| 김치 양념 |  |  |  |

고운 고춧가루 1/2컵, 간장 2큰술, 소금 1큰술 + 다진 마늘 5큰술, 물엿 3큰술 + 참기름 약간, 통깨 1큰술

Part 5

- 고추·깻잎 간장 장아찌
- 황태포 장아찌
- 매실 고추장 장아찌
- 즉석 오이피클
- 양파 장아찌
- 고추지 무침
- 더덕 장아찌
- 잔멸치 고추장 조림
- 쥐포 무침(멸치 무침)
- 뱅어포 고추장 볶음

두고두고 먹어도 깊은 맛 나는 반찬

∴ Deep food

고추·깻잎 간장 장아찌

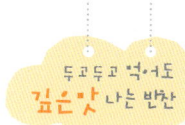

이렇게 만드세요!

1. **고추 손질하기** 고추는 깨끗이 씻어 물기를 제거하고 바늘이나 이쑤시개로 군데군데 찔러 준다.
2. **깻잎 씻기** 깻잎은 깨끗이 씻어 물기를 제거한다.
3. **마늘 손질하기** 마늘은 껍질을 제거하고 깨끗이 씻어 준비한다.
4. **장아찌 간장 소스 만들기** 분량의 재료를 섞어 간장 소스를 만든다.
5. **간장 소스 끓이기** 4의 간장 소스를 팔팔 끓인다.
6. **장아찌 완성하기** 유리병에 고추와 깻잎, 마늘을 담고 팔팔 끓인 5를 뜨거울 때 부어 식으면 냉장고에 보관하여 이틀 후 맛이 들면 먹는다.

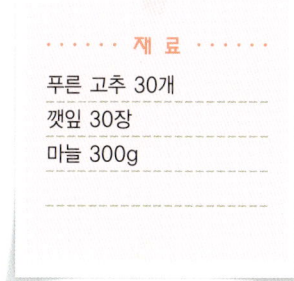

재 료

푸른 고추 30개
깻잎 30장
마늘 300g

깻잎은 향긋한 향이 있어 다양한 요리에 이용되며, 콜레스테롤이 높은 소고기와 비타민 A, C가 풍부한 깻잎은 서로 없는 것을 보완해 주므로 궁합이 맞는 식재료라 할 수 있다.

간장 소스: 물 2컵 + 간장 2컵 + 식초 1컵 + 설탕 1컵

황태포 장아찌

 이렇게 만드세요!

1. **황태포채 준비하기** 황태포채는 잔가시를 고르고 깨끗한 것으로 준비한다.
2. **황태국물 준비하기** 황태포대가리와 양파, 대파에 물을 붓고 끓여 국물이 잘 우러나면 식혀서 준비한다.
3. **장아찌 양념 만들기** 고추장에 매실청, 간장, 청주, 생강즙을 분량대로 넣고 장아찌 양념을 만든다.
4. **황태포 장아찌 만들기** 2의 황태국물에 황태포채를 담갔다가 살며시 짜서 3의 장아찌 양념에 버무려 유리병이나 용기에 담아 두었다가 2주 정도 후에 맛이 들면 먹기 직전에 참기름과 통깨를 뿌려 먹는다.

재료
- 황태포채 200g
- 참기름 약간
- 통깨 약간

황태는 추운 겨울에 명태를 얼렸다 녹이기를 3개월 이상 반복한 것으로 단백질 함량이 높아 숙취 해소에 좋다. 부드럽고 신선한 것이 좋은 황태이며 바람이 잘 통하는 그늘진 곳에 보관하여 곰팡이가 생기지 않게 주의해야 한다. 황태는 무침, 국, 탕, 전, 조림 등 다양한 요리에 이용된다.

황태국물: 황태포대가리 2개 + 양파 1개 + 대파 1뿌리 + 물 2컵

장아찌 양념: 고추장 1컵 + 매실청(또는 물엿) 2큰술 + 간장 1큰술 + 청주 1큰술 + 생강즙 1작은술

매실 고추장 장아찌

🟡 이렇게 만드세요!

1. **매실 손질하기** 매실은 깨끗이 씻어 물기를 제거한 후 과육만 도려 낸다.

2. **매실 절이기** 매실 과육은 소금을 뿌려 12시간 지나면 체에 밭쳐 물기를 제거한다.

3. **장아찌 양념장 만들기** 분량의 재료를 잘 섞어 장아찌 양념장을 만든다.

4. **매실 장아찌 완성하기** 볼에 매실 과육과 장아찌 양념장으로 잘 버무린 뒤 항아리나 유리병에 잘 눌러 담아 10일 정도 숙성시킨다.

재 료
매실 500g
천일염(굵은 소금) 적당량

Tip 매실청 만들기
매실은 깨끗이 씻어 준비하고 여기에 동량의 흑설탕이나 백설탕을 버무려 항아리에 넣고 비닐로 덮어 고무줄로 감아 밀봉한 뒤 100일 후에 매실은 건지고 매실청은 물에 타서 음료로 마신다.

장아찌 양념장			
	고추장 1/2컵	매실청(또는 물엿) 3큰술	통깨 1큰술

즉석 오이피클

 이렇게 만드세요!

1. **오이 썰기** 오이는 깨끗이 씻어 칼집을 넣어 한입 크기로 자른다.
2. **파프리카 썰기** 파프리카는 사방 2cm 크기로 썬다.
3. **적채 썰기** 적채는 파프리카와 같은 2cm 크기로 썬다.
4. **오이피클 완성하기** 물에 식초, 설탕, 소금을 넣어 팔팔 끓으면 준비된 오이와 파프리카, 적채를 유리병에 넣고 뜨거울 때 붓는다. 마지막으로 피클링스파이스를 넣고 식으면 냉장 보관하였다가 다음 날 먹으면 된다.

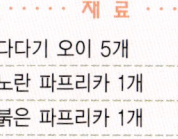

재 료

다다기 오이 5개
노란 파프리카 1개
붉은 파프리카 1개
적채 50g

 Tip 피클링스파이스
피클링스파이스는 간단하게 집에서 절임류를 만들 수 있는 향신료이며 고추, 오이, 깻잎, 양배추, 무 등에 다양하게 사용할 수 있다. 피클링스파이스의 주성분으로 겨자씨, 코리안더, 딜씨드, 흑후추, 계피, 크로브, 월계수잎 등이 있다.

피클 소스: 물 2컵 + 식초 1컵 + 설탕 1컵 + 소금 1큰술 + 피클링스파이스 1큰술

양파 장아찌

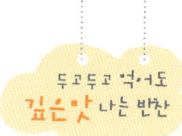

 이렇게 만드세요!

1. **양파 준비하기** 양파는 껍질을 제거하고 깨끗이 씻어 물기를 제거한다.
2. **장아찌 소스 끓이기** 냄비에 간장과 물, 식초, 설탕, 소금을 분량대로 넣고 팔팔 끓인다.
3. **양파 장아찌 완성하기** 큰 유리병에 씻어둔 양파를 넣고 2의 장아찌 소스를 뜨거울 때 붓는다. 소스가 식으면 냉장고에 넣고 먹을 수 있다.

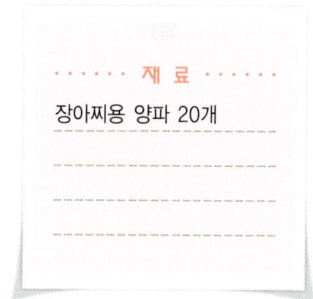

재 료

장아찌용 양파 20개

Tip **장아찌 소스 활용하기**
장아찌 소스는 소고기나 돼지고기를 구워서 찍어 먹는 소스로 사용하면 좋다. 여기에 양파를 채 썰고 영양부추를 3cm 길이로 잘라 함께 먹으면 더욱 맛있다.

양파는 혈액 속의 불필요한 지방과 콜레스테롤을 녹여주어 동맥경화, 고지혈증을 예방하고 치료하는데 효과적이다. 또한, 혈압을 내리고 인슐린의 분비를 촉진시켜 당뇨병의 치료에도 도움이 된다. 양파는 껍질이 잘 마르고 광택이 있으며 붉은 빛이 도는 것을 고른다.

장아찌 소스 ＋ 간장 3컵 ＋ 물 3컵 ＋ 식초 1컵 ＋ 설탕 1컵 ＋ 소금 1큰술

고추지 무침

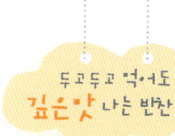

 이렇게 만드세요!

1. **고추지 준비하기** 고추·깻잎 간장 장아찌(123p)에서 담았던 고추지를 준비한다.

2. **무침 양념 만들기** 볼에 고추장과 고춧가루, 다진 파, 다진 마늘, 물엿, 통깨를 넣어 무침 양념을 만든다.

3. **고추지 무침 완성하기** 2의 무침 양념에 1의 고추지를 넣어 무쳐서 고추지 무침을 완성한다.

 고추지 보관법
고추지 무침은 소독한 유리병에 담아 실온에 보관 가능하다. 고추지를 담기 위해 고추를 보관해야 할 경우 신문에 싸서 비닐봉지에 담아 보관하거나 더 오래 보관하려면 씨를 빼고 보관하는 것이 좋다.

재료

고추지 300g

[무침 양념]
고추장 3큰술
고춧가루 3큰술
다진 파 1큰술
다진 마늘 2큰술
물엿(또는 매실청) 2큰술
통깨 1작은술

우엉 조림

Cooking Plus

- **재료 :** 우엉 1뿌리, 다시마(10×10cm) 1장
- **조림장 :** 간장 3큰술, 매실청(또는 물엿) 2큰술, 참기름 1작은술, 통깨 1작은술

[만드는 방법]

1. 우엉은 곱게 채 썰어 물을 넉넉히 붓고 다시마를 넣어 삶는다.
2. 우엉이 어느 정도 익으면 간장을 넣고 졸이다가 매실청(또는 물엿)을 넣어 약불에서 졸인다.
3. 윤기가 나면 참기름과 통깨로 마무리한다.

더덕 장아찌

 이렇게 만드세요!

1 **더덕 손질하기** 더덕은 껍질을 돌려 까서 깨끗이 씻어 어슷하게 썬다.

2 **청양고추 썰기** 고추는 어슷하게 썬다.

3 **양파 썰기** 양파는 사방 1cm 크기로 썬다.

4 **장아찌 소스 만들기** 냄비에 물과 간장, 설탕을 분량대로 넣고 팔팔 끓여서 식힌다.

5 **더덕 장아찌 완성하기** 유리병에 준비된 더덕, 청양고추, 양파를 넣고 4의 장아찌 소스를 붓는다. 5일에 한번 정도 소스를 따라 내어 다시 끓여 식으면 부어 둔다. 20일 정도 경과하면 먹을 수 있다.

Tip 더덕 손질하는 방법
더덕에 붙어 있는 흙을 털어 내고 물에 깨끗이 씻어 칼로 껍질을 돌려가며 벗긴다. 잘 벗겨지지 않으면 끓는 물로 살짝 끼얹었다가 찬물에 식혀서 까면 쉽게 껍질을 벗길 수 있다.

재료
더덕 300g
청양고추 5개
양파 2개

장아찌 소스

 +  +

물 2컵   간장 1컵   설탕 1/2컵

잔멸치 고추장 조림

 이렇게 만드세요!

1 **멸치 준비하기** 멸치는 잡티를 골라 내고 프라이팬이 뜨거워지면 볶아 비린내를 제거한다.

2 **영양부추 손질하기** 영양부추는 깨끗이 씻어서 3cm 길이로 자른다.

3 **붉은 고추 썰기** 붉은 고추는 둥근 모양으로 송송 썬다.

4 **조림장 준비하기** 고추장에 간장, 물엿, 물, 생강즙을 넣어 조림장을 준비한다.

5 **잔멸치 조림장에 조리기** 프라이팬에 준비된 4의 조림장을 넣고 끓으면 손질해 놓은 1의 잔멸치를 넣어 은근하게 조린다.

6 **잔멸치 고추장 조림 완성하기** 조림장 국물이 약간 남아 있을 때 썰어둔 영양부추와 붉은 고추를 넣고 뒤적여 준 후 불을 끄고 참기름과 통깨를 뿌려 마무리한다.

재료
잔멸치 200g
영양부추 50g
붉은 고추 1개
참기름 1작은술
통깨 1작은술

칼슘의 왕 멸치는 칼슘이 풍부하여 성장기 어린 이에게는 골격 성장에 도움을 주고, 갱년기 여성에게는 골다공증 예방에 좋다. 또한, 오메가3가 풍부하여 혈관이 막히는 것을 방지해 주어 동맥경화나 심장병 등 각종 생활습관병 예방에 좋다.

소스 & 양념

조림장: 고추장 2큰술 + 간장 1작은술 + 물엿 1큰술 + 물 3큰술 + 생강즙 1작은술

쥐포 무침 (멸치 무침)

이렇게 만드세요!

1. **쥐포 굽기** 쥐포는 가스불이나 오븐에 살짝 구워 가늘게 찢는다.
2. **쪽파 썰기** 쪽파는 껍질을 제거하고 송송 썬다.
3. **잣 준비하기** 잣은 잡티를 없애고 면보로 깨끗이 닦아 준비한다.
4. **무침장 만들기** 간장에 고춧가루, 물엿, 다진 마늘, 참기름, 깨소금을 분량대로 넣고 무침장을 만든다.
5. **쥐포 무치기** 찢어 놓은 쥐포에 4의 무침장을 넣고 무친 다음 접시에 담아 쪽파와 잣을 뿌려 낸다.

재료
- 쥐포 5장
- 쪽파 3뿌리
- 잣 2큰술

쥐포는 쥐치를 말려 가공한 것으로 살이 통통하고 깨끗한 것이 좋다. 쥐포는 열량이 낮아 다이어트에 도움이 되며 어린이 간식이나 술안주로 많이 이용된다.

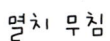

멸치 무침
멸치 무침도 동일한 방법으로 만들면 된다.

무침장		

간장 3큰술, 고춧가루 1큰술	물엿 1큰술, 다진 마늘 1큰술	참기름 1작은술, 깨소금 1작은술

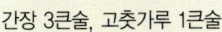

뱅어포 고추장 볶음

 이렇게 만드세요!

1. **뱅어포 썰기** 뱅어포는 살짝 구워서 먹기 적당한 크기로 자른다.
2. **고추 썰기** 붉은 고추와 푸른 고추는 둥글게 송송 썬다.
3. **마늘 썰기** 마늘은 편으로 썬다.
4. **조림장 만들기** 고추장에 간장, 물엿, 마요네즈, 물, 생강즙을 넣어 조림장을 만든다.
5. **뱅어포 양념하기** 잘라 놓은 뱅어포에 4의 조림장을 넣어 양념을 해 둔다.
6. **뱅어포 조리기** 프라이팬에 식용유를 두르고 마늘과 고추로 향을 낸 뒤 양념한 뱅어포를 넣고 볶다가 양념이 잘 배이면 불을 끄고 참기름과 통깨로 마무리한다.

 뱅어포 간식
뱅어포는 사방 2cm 크기로 잘라 전분을 묻혀 프라이팬에 기름을 넉넉히 두르고 튀겨 식혀서 먹으면 바삭바삭하여 어린이 간식으로 좋다.

재료
- 뱅어포 2장
- 붉은 고추 1개
- 푸른 고추 1개
- 마늘 2쪽
- 식용유 약간
- 참기름 약간
- 통깨 약간

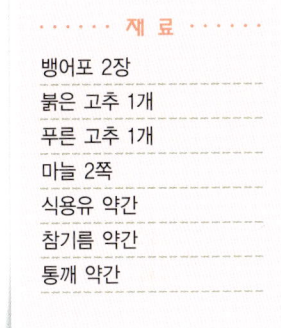

뱅어포는 작은 물고기인 치어를 말려 가공한 것으로, 색이 하얗고 냄새가 없으며 두꺼운 것이 좋다. 곱게 다져서 볶음밥에 넣기도 하고 곱게 채썰어 양념해서 볶은 뒤 김밥에 넣어 말아 먹기도 한다.
특히, 칼슘이 가득한 뱅어포 요리는 산모의 산후 회복과 아이의 성장 발육에 좋다.

조림장: 고추장 2큰술, 간장 1작은술 + 물엿 1큰술, 마요네즈 1큰술 + 물 1큰술, 생강즙 1/2작은술

Index [색인]

간장 게장 • 79
갈치 고사리 조림 • 91
고추 잡채 • 17
고추·깻잎 간장 장아찌 • 123
고추지 무침 • 133
구절판 • 27
깍두기 • 113
꽁치 김치롤 조림 • 93
꽃게 양념무침 • 85
나박김치 • 105
낙지 삼겹살 볶음 • 83
느타리버섯 꽈리고추 볶음 • 39
달걀 뚝배기 • 21
닭갈비 꼬치구이 • 61
닭다리 달걀 조림 • 57
더덕 고추장 무침 • 25
더덕 장아찌 • 135
돈민찌 가지볶음 • 65
돈민찌 김치전 • 65
돈육 떡갈비 • 67
돼지고기 된장 불고기 • 63
두부 브로콜리 조림 • 15
마 고추장 구이 • 31

매실 고추장 장아찌 • 127
매운 주꾸미 볶음 • 95
메추리알 오징어 장조림 • 87
모둠 달걀말이 • 21
배추김치 • 107
뱅어포 고추장 볶음 • 141
삼치 양파 조림 • 75
서리태 콩자반 • 43
소고기 고추장 불고기 • 51
소고기 단호박찜 • 59
소고기 불고기 양배추말이 • 71
소고기 연근 장조림 • 53
소고기채 버섯볶음 • 69
알감자 고추장 조림 • 19
알타리무 김치 • 103
양배추 김치 • 109
양송이 메추리알 찜 • 45
양파 장아찌 • 131
열무김치 • 117
영양 콩비지 찌개 • 43
오이 된장 무침 • 35
오이 부추 겉절이 • 111
오이 소박이 • 111

오이피클 영양부추 무침 • 41
오징어 새우 콩나물찜 • 77
오징어 쪽파 초회 • 89
우엉 고추장 구이 • 23
우엉 김치 • 119
우엉 조림 • 133
잔멸치 고추장 조림 • 137
장어 구이 • 99
조개젓 무침(오징어젓 무침) • 81
쥐포 무침(멸치 무침) • 139
즉석 오이피클 • 129
참나물 된장 무침 • 33
참죽순 장떡 • 37
청포묵 소고기 불고기 • 55
코다리 매운 조림 • 97
콩나물 미나리 무침 • 29
콩나물 어묵 볶음 • 29
파김치 • 115
호박 새우젓 볶음 • 47
호박 새우젓국 • 47
홍합 장떡 • 37
황태포 장아찌 • 125

엄마 반찬 레시피

2011년 1월 10일 인쇄
2011년 1월 15일 발행

저자 : 배태자
펴낸이 : 남상호

펴낸곳 : 도서출판 **예신**
www.yesin.co.kr

140-896 서울시 용산구 효창동 5-104
대표704-4233, 팩스 : 715-3536
등록번호 : 제03-01365호(2002. 4. 18)

값 12,000원

ISBN : 978-89-5649-083-0

*이 책에 실린 글이나 사진은 문서에 의한 출판사의
동의 없이 무단 전재·복제를 금합니다.